Reiner Jungnitsch

Morgen wird man anders glauben

Reiner Jungnitsch

Morgen wird man anders glauben

Religionspädagogische Reflexionen: Aus der Praxis - für die Praxis

Fromm Verlag

Impressum / Imprint
Bibliografische Information der Deutschen Nationalbibliothek: Die Deutsche Nationalbibliothek verzeichnet diese Publikation in der Deutschen Nationalbibliografie; detaillierte bibliografische Daten sind im Internet über http://dnb.d-nb.de abrufbar.

Bibliographic information published by the Deutsche Nationalbibliothek: The Deutsche Nationalbibliothek lists this publication in the Deutsche Nationalbibliografie; detailed bibliographic data are available in the Internet at http://dnb.d-nb.de.

Coverbild / Cover image: www.ingimage.com

Verlag / Publisher:
Fromm Verlag
ist ein Imprint der / is a trademark of
OmniScriptum GmbH & Co. KG
Heinrich-Böcking-Str. 6-8, 66121 Saarbrücken, Deutschland / Germany
Email: info@frommverlag.de

Herstellung: siehe letzte Seite /
Printed at: see last page
ISBN: 978-3-8416-0516-0

INHALT

Vorbemerkung

Wozu müssen wir in der Schule eigentlich auch noch „Reli“ haben? - fragen nicht wenige Schüler. Jeder darf doch schließlich glauben was er will. Und nicht wenige dieser jungen Menschen zeigen recht selbstbewusst, dass sie mit der Kirche nicht viel am Hut haben, teils gar nicht haben wollen. Allzu groß geworden ist offenbar in den letzten Generationen die Kluft zwischen Amtskirche und Kirchenvolk, zwischen überlieferter Lehre und dem Lebensalltag heutiger Eltern und Kinder, zwischen den traditionellen Antworten des Glaubens und den Fragen von Jugendlichen zu Beginn des 21. Jahrhunderts.

Der immer noch wichtigste Begegnungsraum der Kirche mit Kindern und Jugendlichen ist der schulische Religionsunterricht, der zwar vom Staat organisiert, aber hinsichtlich der Lehrpläne inhaltlich von den Kirchen verantwortet wird. An diesen Lehrplänen sowie den methodischen und didaktischen Konzepten hat sich in den letzten Jahrzehnten einiges gewandelt. Doch blieb das stets mehr ein Hinterherhinken gegenüber den sich immer rascher verändernden gesellschaftlichen Rahmenbedingungen. Fakt ist, dass sich die Kirchenbänke weiter geleert haben. Viele Familien haben zur örtlichen Kirchengemeinde keinen Bezug mehr, das Wissen und Verstehen in Sachen Glaube und Religion ist marginal geworden, eine religiöse Sozialisation von Kindern und Jugendlichen in Familie und Gemeinde fällt fast völlig aus.

In diesem Kontext das Fach Religion zu unterrichten wird zu einer spannenden Herausforderung.

Wie spricht man über Glaubensfragen mit jungen Leuten, die nur noch ein bruchstückhaftes Vorwissen mitbringen, die zu Sache und Institution ein eher distanziertes Verhältnis einnehmen oder die bei der ersten thematischen

Berührung mit „Kirche“ und „Religion“ sogar das weitere Zuhören verweigern?
Dabei ist es gleichzeitig nicht so, dass sie keine „religiösen“ Fragen hätten. Sie sind durchaus sehr vital interessiert an Diskussionen über Gerechtigkeit, Sinn, Tod usw. – nur bitte nicht allzu fromm und kirchlich! Da schlägt dann die Stunde einer geschickten, authentischen und sachgemäßen Vermittlung.

Für diesen kleinen Band habe ich ein paar Beiträge zusammengefasst, die recht verstreut erschienen sind, aber m. E. in der angedeuteten Situation immer noch aktuell sind und so zur fachlichen Auseinandersetzung beitragen können.
All dies entstammt meiner langjährigen Unterrichtserfahrung in der Berufsschule, gilt aber sicherlich auch für andere Schulformen.
Mögen diese Reflexionen und Vorschläge insbesondere den Kollegen und Kolleginnen in der Praxis von Nutzen sein.

RELIGIONSPÄDAGOGISCHE REFLEXIONEN:

Aus der Praxis – für die Praxis

1. Religionslose Jugend? Erfahrungen aus der Berufsschule als Perspektiven für Theologie und Pastoral

Eine inzwischen ganz normale Situation zu Beginn des Schuljahres: Ich begegne einer neuen Klasse, stelle mich und mein Fach ein wenig vor und überlasse mich der Situation. Wir „beschnuppern" uns gegenseitig und kommen auch gleich an die Stellen, wo der Schuh drückt. Oliver, ein Elektrogerätemechaniker im dritten Ausbildungsjahr, schaut mich etwas missmutig an: „Ach, wissen Sie, Religion ist für mich Kirche, und Kirche hat mit Gott zu tun, und...", dabei macht er eine vielsagend-abwehrende Handbewegung. Manch anderem in der Klasse hat der damit sicherlich aus dem Herzen gesprochen. Das ist dem zustimmenden Nicken und Murmeln zu entnehmen.

Doch nicht nur in dieser Klasse wird mir die Sachlage im Klartext derartig selbstbewusst entgegen-geschleudert. Offenkundig ist das der Standort sehr vieler Jugendlicher. Wahrscheinlich sogar der meisten.
Von der Kirche erwarten sie nichts (mehr), sie bietet ihnen auf ihre Fragen scheinbar keine befriedigenden Antworten. Allerdings zeigen sie sich (aus welchem Motiv heraus?) als engagierte Beobachter und Kritiker von allem, was mit Kirche, Glaube und Religion zu tun hat: die sterilen Gottesdienste, die teuren Papstreisen, der Pflichtzölibat katholischer Priester, die heuchlerische Moral der Christen, und dann waren da ja auch noch die Kreuzzüge, die Hexenverbrennungen, die Segnung der Waffen im Krieg, das kompromisslose Nein zu Pille und Abtreibung usw. usw.

Alle, die in Sachen Religion mit Jugendlichen zu tun haben, können davon ein strophenreiches Lied singen.[1]
Soll man sich angesichts dieser vernichtenden Frontlage hinstellen und auf all die (teils ja sehr berechtigten) Gegenargumente eingehen? Klarstellen, verteidigen, zurechtrücken? Wo bliebe da noch Raum, das einzubringen, was mir als Religionslehrer, als Vertreter der gerade so geschmähten Kirche und als gläubigem Menschen wirklich wichtig ist zur Sprache zu bringen? Manchem stellt sich da die bange Frage: Wie soll das weitergehen? Standhalten oder flüchten?

Alles, was in früheren Zeiten im Religionsunterricht behandelt wurde, wäre meinen Schülern heute ein rotes Tuch bzw. ein willkommener Grund, sich abzumelden. Was also tun? Mehr auf sozialethische Themen umsteigen, damit überhaupt noch etwas planmäßig läuft und die Schüler „bei der Stange bleiben"? Dem oberflächlichen Wunsch der Klasse nachgeben und jedes Mal das Videogerät strapazieren? Mag dem auch gelegentlich so sein, ist es dennoch keine befriedigende Lösung. Weder für alle Beteiligten, noch auf die Dauer. Erst recht nicht in der Sache.
Ist unsere Jugend wirklich so religionslos wie es scheint?

Sofern man unter Religion bzw. Religiosität den regelmäßigen Kirchgang, die Einbindung in eine Pfarrgemeinde usw. versteht, ist ein großer Teil der Jugendlichen sicherlich fernab von jeglicher Religiosität. Aber ist es das, worum es geht? Sollte es wirklich das vorrangige Arbeitsziel des Religionslehrers sein, diese jungen Menschen schließlich in der Sonntagsmesse wiederzufinden?
Damit wäre wohl das Pferd von hinten aufgezäumt. Liturgie, Gebet, Gemeindeleben sind doch ihrem Wesen nach *Ausdrucksformen* des Glaubens. Und was nützte hier ein mehr formales Dabeisein, wenn der

motivierende „Hintergrund“ fehlt, wenn nicht einsichtig ist, worum es dem christlichen Glauben eigentlich geht?

Die Schülerinnen und Schüler, denen ich täglich begegne, bringen das Gemeinte unmissverständlich auf den Punkt, wenn sie wissen wollend und kritisch fragen: Was bringt mir das? Was habe ich davon? Wozu soll das gut sein?

Solchen Fragen sah sich der Glaube in der Vergangenheit kaum ausgesetzt. Der gesellschaftliche Konsens einer Zustimmung zu Glaube und Kirche hatte noch eine spürbare Basis in der Erziehung und der mehrheitlichen Lebenspraxis. Aber die Situation hat sich gründlich verändert. Die Karten im öffentlichen Kräftespiel wurden neu gemischt und anders verteilt. Zu einem selbstgewissen Auftrumpfen reicht das kirchliche Blatt schon lange nicht mehr aus. In der sogenannten „weltanschaulich pluralen Gesellschaft“ müssen sich junge Menschen heute in ganz anderer Weise zurechtfinden, Sinn und Halt suchen. Und das Marktangebot „christlicher Glaube“ kommt unter diesen Bedingungen nicht mehr so gut an. Die Nachfrage ist sogar recht schleppend. Und das nicht allein bei den Jugendlichen.

Wer bisher das Ausmaß der allgemeinen Entkirchlichung (nicht nur hierzulande) noch nicht klar genug erfaßt hat, wird spätestens jetzt umdenken müssen. Nicht nur das. Ein heilsames Umdenken ist angesagt, eine überfällige Besinnung auf den Kerngehalt dessen, was wir als „Frohe Botschaft“ als Eltern, Erzieher, Seelsorger, Lehrer usw. zu bekennen, zu leben und weiterzugeben gefordert sind. Was bedeutet uns der Glaube? Wie lässt sich das Anliegen des Glaubens auf einen kurzen und verständlichen Nenner bringen?

Dass der christliche Glaube derzeit in einer tiefgreifenden Vermittlungskrise steckt, sollte uns hellhörig machen dafür, dass die bisherige Blickrichtung und Akzentsetzung früherer Katechese und religiöser Erziehung ihr Ziel und ihren Adressaten weithin verfehlt haben.
Das hat sowohl mit dem Selbstverständnis des Christentums zu tun, als auch mit der bis heute bevorzugten Sprache in Theologie und Kirche.

Die Jugendlichen unserer Tage haben trotz aller Klischees, Vorurteile und Einäugigkeiten ein sensibles Empfinden dafür, was an der überlieferten Form der Religion nicht stimmt, wo sie an ihnen und am Leben vorbeigeht:
„Wir sind halbstark, und unsere Seelen sind halb so alt wie wir. Wir machen Radau, weil wir nicht weinen wollen nach all den Dingen, die Ihr uns nicht gelehrt habt. Wir können rechnen und lesen, und man wies uns an, die Staubgefäße vom Buschwindröschen zu zählen. Wir wissen, wie Füchse leben, und kennen den Bau der Ackerschachtelhalme. Wir haben auch gelernt, stillzusitzen und den Finger zu heben. Aber in der Stadt gibt es keine Buschwindröschen und keine Füchse. Und wie man dem Leben begegnet, habt Ihr uns nicht gelehrt. Wir möchten sogar an Gott glauben, an einen unendlich starken, der alles versteht, und der will, daß wir gut sind, aber Ihr habt uns keinen Menschen gezeigt, der gut ist, weil er an Gott glaubt..."[2]

Ganz so areligiös oder gar religionsfeindlich klingen diese Töne nicht. Zeigt sich hier doch die so ganz andere Frage-Richtung der Jugendlichen, nämlich nach einem tragfähigen Lebensmodell und einem authentischen, glaubwürdigen Menschsein.
Wie nun lassen sich kirchlicher Glaube und jugendliche Lebensfrage zueinander vermitteln? In welchem Verhältnis stehen Glaube und Leben überhaupt? Und welche Konsequenzen ergeben sich aus der geforderten

Besinnung auf das Wesentliche des Glaubens für Katechese und Religionspädagogik, für Theologie und Kirche?

War in früherer Zeit der schulische Religionsunterricht ein zentraler Lernort des Glaubens und ein allgemein akzeptierter Teil im Fächerkanon, so muss er heute - vielleicht am deutlichsten in der Berufsschule - sein Existenzrecht ständig neu begründen. Und von einem herausragenden Ort der Glaubensvermittlung (zumindest im herkömmlichen Sinne) wird man wohl auch nicht mehr sprechen dürfen. Eher lässt sich sagen: Der Religionsunterricht hält an exponierter Stelle das Gespräch über den Glauben aufrecht. Denn der Religionslehrer ist für sehr viele Schüler und Auszubildende die letzte Kontaktperson von kirchlicher Seite. Die Realität sieht doch so aus, dass die Mehrheit der Gefirmten und Konfirmierten nach dieser Station den kirchlichen Zug verlässt und sich „auf eigene Faust durchschlägt“, d. h. sich mangels anziehender Plausibilität und Überzeugungskraft des christlichen Fahrplans anderweitig orientiert.
So ereignet sich das Gespräch im Religionsunterricht zwangsläufig zwischen zwei Polen. Auf der einen Seite steht der Glaube in seiner kirchlichen und gemeindlichen Verkörperung, die andere Seite bilden die vielfältigen Lebensentwürfe der Heranwachsenden im Kontext unserer gesellschaftlichen Wirklichkeit.[3]

Diese Bedingungen hatte schon die Gemeinsame Synode der deutschen Bistümer in den 70er Jahren vor Augen und formulierte daraufhin in dem Dokument über den Religionsunterricht schon realistisch-bescheiden: Es ist ein Gewinn (!), „wenn die Schüler beim Verlassen der Schule Religion und Glaube zumindest nicht für überflüssig oder gar unsinnig halten“ (Abschnitt 2.6.5). Für Außenstehende mag das nach einer resignativen Bescheidenheit

klingen, doch wer die schulische Realität aus eigenem Erleben kennt, kann einen solchen Anspruch eigentlich nur als entlastend begrüßen.
Das muss nun aber nicht bedeuten, dass sich die eigentlichen Themen des Glaubens gar nicht mehr ansprechen und einbringen ließen. Es sollte eben nur in einer gänzlich anderen Weise geschehen.

Vielleicht müssen wir in diesem Zusammenhang unserer Rede vom Heiligen Geist in strengerem Sinne ernst nehmen als bisher. Wenn wir nämlich davon überzeugt sind, dass Gott in und durch Menschen wirkt, dass der Geist „weht, wo er will", sollten wir dann nicht in selbstkritischer Aufmerksamkeit sowohl den berechtigten Einwänden der Jugend als auch den kirchenfernen Standpunkten der meisten anderen Zeitgenossen mehr Beachtung schenken? Vox temporis – vox Dei: die Stimme des Zeitgeistes als Stimme Gottes?

Es setzt sich zum Glück auch immer klarer die Einsicht durch, die Menschen, die nicht so leben und nicht so glauben, wie es die kirchliche Tradition und das Lehramt für geboten hält, nicht leichtfertig als areligiös hinzustellen. Dies wäre zudem eine sachlich unzulässige Engführung des Religions-begriffs.
Wenn es nämlich zutrifft, dass jegliche Religion wesenhaft damit zu tun hat, dem Menschen

a) zu helfen, mit seinen existentiellen Ängsten fertig zu werden,
b) ihm einen Sinn für sein Leben zu vermitteln, der über den weltlichen Erfahrungsraum hinausweist,
c) moralische Orientierung zu bieten und
d) die Geborgenheit in einer weltanschaulich-konformen Gemeinschaft zu ermöglichen,

dann bleibt es gar nicht aus, dass jeder Mensch mit und aus irgendeiner Form von Religion lebt.

Das gilt insbesondere für junge Menschen, da ihre Suche nach dem „richtigen" Lebensweg altersbedingt stärker ausgeprägt ist. Gerade in dieser Lebensphase ergeben sich unweigerlich Situationen, die es nicht erlauben, einfach wieder zur Tagesordnung überzugehen. Hier geschieht eventuell etwas, das sie „unbedingt angeht", sie zu Fragestellungen drängt, die letztlich religiösen Charakter haben. Sei es der plötzliche Tod eines Klassenkameraden, der nach dem Sinn dieses kurzen und unzeitig abgebrochenen Lebens fragen lässt und ob uns angesichts unserer Sterblichkeit noch eine Hoffnung bleibt; sei es die einschneidende Erfahrung der Arbeitslosigkeit in der eigenen Familie, die nach dem faktischen Wert eines Menschen jenseits von Funktion und Leistung fragen lässt; seien es die sich mehrenden Nachrichten über Umweltschädigungen, die Zweifel aufkommen lassen, ob es sich noch lohnt oder verantworten lässt, Kinder in die Welt zu setzen usw.
Fragen und Themen bieten sich also genug, um mit Jugendlichen in ein Gespräch einzutreten, das in Grundsatzfragen mündet.

Wichtig scheint es dabei zu sein, eben bei den konkreten Fragen und Erfahrungen, bei der momentanen Situation und dem aktuellen Lebensgefühl anzusetzen. Dazu bedarf es aber auch eines entsprechenden Lernprozesses beim Lehrer, in den geäußerten Ansichten und Standpunkten das darin enthaltene religiöse Potential wahrzunehmen. Das meint nicht nur sprachliche Andeutungen und Untertöne, sondern auch die Aufschriften auf der Lederjacke, die Aufkleber auf der Schultasche, Körperschmuck und Tätowierungen, die bevorzugte Musikrichtung ebenso wie die abgetragenen Turnschuhe.[4]
Wer Augen hat, der schaue hin! Wer Ohren hat, der höre!

„Eine religionspädagogische Bemühung besteht darin, die 'Botschaft des Lebensgefühls der Jugendlichen' und die 'Botschaft des Glaubens' in Zusammenhang zu bringen. Das kann in unserem Fall dadurch geschehen, daß wir äquivalente Interpretationen und Symbole aus der christlichen Tradition für die Beziehung des Menschen zur Welt und seines Selbstverständnisses mit den Symbolen des Lebensgefühls der Jugendlichen zusammenhalten und die Spannung zwischen ihnen religionspädagogisch nutzbar machen."[5]
Hans Schmid fordert dabei zu Recht, neben der Erschließung des Glaubens für die Lernenden müsse die Erschließung der Welt der Lernenden für den Glauben mehr bedacht werden. Wie nämlich beantworten sich die jungen Leute (bewusst oder unbewusst) die existentiellen Fragen, auf die auch der christliche Glaube eine Antwort geben will?

Indem ich die Fragen und Antworten, die Situation und damit die ganze Person des jugendlichen Dialogpartners ernst nehme und ein Stück Weg mit ihm gemeinsam zu bewältigen versuche, kann ich ihm vielleicht eine Ahnung davon vermitteln, dass Glaube konkrete Lebenshilfe bedeuten kann. So kann ich dann auch aufzeigen, wie wenig Religiosität und Glaube etwas Aufgepfropftes sind im Blick auf das übrige Leben, sondern ein radikal unreligiöses Leben praktisch gar nicht lebbar ist.
Sollte es also so schwierig oder gar unmöglich sein, selbst den kritischsten oder sich atheistisch gebenden Schülern verdeutlichen zu können, dass es im Glauben eigentlich genau um die Lebensfragen geht, von denen sie selbst bewegt werden? Kurz: dass Glaube und Leben untrennbar zusammen gehören und schließlich nur eine Sache der deutenden Perspektive sind? Die Bemühung, den veränderten gesellschaftlichen Rahmenbedingungen für eine Glaubensvermittlung gerecht zu werden, spiegelt sich erkennbar in dem „Paradigmenwechsel“ in der Religionspädagogik der letzten Jahrzehnte.

In den 50er Jahren galt noch das lange praktizierte Modell der dogmatisch orientierten Religionslehre, die mehr den Charakter einer Katechese hatte. Die Voraussetzung allgemeiner Kirchlichkeit war dort noch gegeben. Dieses Konzept wurde abgelöst vom sogenannten „induktiven" Religionsunterricht, der sich als lebenskundlich bzw. problemorientiert verstand, den religiösen Gehalt aber bestenfalls als thematischen Anhang zur Sprache brachte.
Der Synodenbeschluss von 1974 betonte demgegenüber, dass „heute gelebtes Leben und der Anspruch des Glaubens und seiner Wirkungsgeschichte in einem ausgewogenen Verhältnis zueinander stehen" sollen (Abschnitt 2.5.2). „Der Glaube soll im Kontext des Lebens vollziehbar, und das Leben soll im Lichte des Glaubens verstehbar werden" (2.4.2).

Dieser erste Ansatz einer Korrelation (Wechselbeziehung) zwischen den didaktischen Akzenten der „Auslegung des Daseins" und einer „Auslegung der Überlieferung" wurde 1980 im „Grundlagenplan für den katholischen Religionsunterricht an Beruflichen Schulen" aufgegriffen und weitergeführt. Die Wechselbeziehung von christlicher Botschaft und menschlicher Existenz wird hier in das Bild einer Ellipse mit zwei Brennpunkten übertragen, wobei die die genannten Akzente sowohl klar unterschieden, als auch aufeinander bezogen werden.
Die Didaktik der Korrelation wurde in der Folgezeit in zahlreiche Lehrpläne umgesetzt und dabei nochmals sachgerecht weitergedacht. Aus einem Zueinander der beiden Akzente wurde nun ein Ineinander. Die Glaubenssicht versteht sich darin konsequent als eine Tiefendimension der gemeinsamen Lebenswirklichkeit. Der Glaube ist also eine bestimmte Lebenshaltung, eine tiefgreifende und sich praktisch auswirkende Sichtweise des Lebens. „Christlich erziehen heißt, das Leben nicht nur bejahen, sondern seine Fülle erfahrbar zu machen."[6]

Etwas anderes hatte Jesus wohl auch nicht im Sinn: „Ich bin gekommen, damit sie das Leben haben und es in Fülle haben“ (Joh 10,10).

Das bisher Gesagte dürfte schon ansatzweise deutlich gemacht haben, dass das Bemühen um eine situations- und adressatengerechte Glaubensvermittlung nicht ein spezifisches Anliegen nur der Berufsschulen ist. Vor allem die pastorale Arbeit mit den sogenannten „Fernstehenden“ könnte von den religionspädagogischen Erfahrungen aus der Berufsschule profitieren.
So ist es für Alfred Schlotter vorstellbar, „dass dann in jeder Verkündigung und Glaubens-unterweisung die Lebenssituation nicht nur als Aufhänger (für das Eigentliche) oder als Feld der Nutzanwendung gesehen wird. Die Lebenssituation wird vielmehr ernst genommen, weil akzeptiert ist, daß sich in ihr Glaube ereignet: zum einen, weil Glaube konkret ist, und zum anderen, weil jede Formulierung des Glaubens notwendig durch die Situation geprägt ist. Dann wäre 'Korrelation' nicht mehr eine Geheimformel der Religionspädagogik, sondern das prägende Element jeder Pastoral.“[7]

Es geht also darum, angesichts konkreter Lebenssituationen „theologisch“ denken, oder besser: mit den Augen des Glaubens sehen zu lernen. Diese Ausrichtung bedingt nicht nur eine Neubesinnung des Ausgangspunktes jeglicher Glaubensvermittlung, sondern auch eine Umorientierung im Blick auf den theoretischen Unterbau von Religionspädagogik und Pastoral.
Die schulpraktische Seite der Religionspädagogik kann ihren wissenschaftlichen Bezugsrahmen nicht mehr vorrangig in der dogmatisch geprägten Theologie finden, sie wird neben den verwandten Humanwissenschaften auch die Beiträge der naheliegenden philosophischen Disziplinen mit zu berücksichtigen haben.
Aus eigener Erfahrung kann ich bestätigen, dass mir für meine Arbeit als Religionslehrer an einer Berufsschule meine Studien in philosophischer

Anthropologie und Religionsphilosophie praktisch mehr nützen als all die theologischen Semester. Denn die Frage nach dem Menschen und dem, was Religion und Glaube eigentlich bedeuten, ist die notwendige Basis, die im offenen Dialog mit „fernstehenden“ Jugendlichen und Erwachsenen erst einmal geklärt werden muss. Und dabei wird sich auch herausstellen, wer wem wie fernsteht.

Auf der anderen Seite stände es auch der akademischen Theologie gut zu Gesichte, das Prinzip der Korrelation einmal auf dem eigenen Felde anzuwenden, sprich: die systematische Reflexion des Glaubens intensiver von der realen, lebensweltlichen Erfahrung her zu betreiben. „Ein solcher tastender Versuch korrelativer Theologie könnte dann nämlich die Chance zu einer Erweiterung des Raums theologischer Wahrnehmung eröffnen.“[8] Dafür sieht Ulrich Hemel gerade im Berufsschul-Religionsunterricht „ein Handlungsfeld, das sich in besonderer Weise als Ort für die lebensweltliche Sättigung der Theologie eignet“, da beide Seiten so weit auseinander liegen, „daß ihre wechselseitige Distanz geradezu als Erkenntnisquelle genutzt werden kann.“[9]

Etwas anders ausgedrückt findet sich dieser Gedanke bereits in den berühmten Tagebuchaufzeichnungen von Fridolin Stier (aus dem Jahre 1970): „Die Theologie hätte sich – prätheologisch – der Wahrnahme des offenliegenden Mysteriums im Daß und So alles Seienden zu öffnen. Vielleicht fände sie dann, in solches 'Sehen' und 'Hören' hineingehalten, die Sprache, die, erfüllt von der Präsenz des Mysteriums, das Staunen davor, das Seiendes ist, das Erschrecken vor dem Abgrund, den Schwindel über der Tiefe, das Fühlen des Ungeheuren zu erwecken vermöchte.“[10]
Angezielt ist folglich ein grundlegender Perspektivenwechsel in der Theologie, der eine andere Sprache der Theologen zur Folge hätte: Eine

Theologie der Bescheidung. Bescheidung auf die Bedürfnisse der Lebenden und Glaubenden.

Wenn nämlich der Glaube wirkliche Lebenshilfe sein soll, und wenn Theologie ihre Aufgabe darin sieht, intellektuell dem Glauben zu dienen (statt wissenschaftlicher Selbstzweck zu sein), dann ist eine stärkere Ausrichtung an der Verkündigungs*praxis* und damit am realen Leben dringend geboten und im Sinne des Wortes not-wendig. Ja, es wird sogar zu einer Überlebensfrage der Kirche und des christlichen Glaubens überhaupt. Entweder erweist sich der Glaube als unmittelbar lebensdienlich, oder er wird verschwinden.

Der Religionsunterricht wird in dieser Situation zu einem primären und harten Prüfstein, ob es gelingt, von Religion wieder so zu sprechen, das dieses Reden plausibel, nachvollziehbar und motivierend wird zu eigenem Fragen, Suchen und Erfahren.

Anmerkungen:

1) Vgl. z. B. I. Dickmann-Schuth, ... ich glaube, was mir paßt, in: Publik Forum Nr. 24 vom 4.12.1987, S. 17f
2) Aus: rabs (= Religionspädagogik an berufsbildenden Schulen) Heft 3/1982, S. 83
3) Vgl. H. Schmid, Religionsunterricht und Glaubenlernen heute, in: unterwegs (DKV), Nr. 2/1988, S. 10
4) Eine nützlich Sehhilfe bietet der Beitrag von Hans Schmid, Die religionspädagogische Relevanz von abgetragenen Turnschuhen, in: KatBl 110 (1985), Heft 7, 498-507. Ebenso die von Schmid vorgelegte Studie "Nachts, wenn ich Bauchschmerzen hab´..." über die Religiosität von Arbeiterjugendlichen, DKV, München 1987
5) Ebd., 506
6) Gregor Tischler, Sensibel werden – religiös erziehen, München 1988, 30
7) Alfred Schlotter, Plädoyer für den Berufsschulreligionsunterricht als Fundus für pastorale Arbeit an Fernstehenden, in: rabs, Heft 4/1986, 107-111, 110
8) Ulrich Hemel, Religionsunterricht an der Berufsschule als Anfrage an die wissenschaftliche Theologie, in: rabs, Heft 3/1988, 67-76, 67
9) Ebd., 67
10) Fridolin Stier, Vielleicht ist irgendwo Tag, Freiburg/Heidelberg 1981, 41f

Erschienen in: Lebendiges Zeugnis (Bonifatiuswerk der deutschen Katholiken, Paderborn) Heft 2/1989, 129-136

2. Unglaubwürdiger Glaube – Glaubwürdiger Unglaube. Ein paar Anmerkungen zum Verhältnis von Jugend und Religion

1. Alle reden von der Krise - wir machen sie!

Die Situation der großen Kirchen ist derzeit von vielerlei Krisen-Symptomen bestimmt: Die Kirchenbänke leeren sich, der politische Einfluß schwindet, die gesellschaftliche Zustimmung zu kirchlichen Positionen und Praktiken ist auf einem Tiefststand, Kirchensteuer und Religionsunterricht stehen zunehmend unter Legitimationszwang. Was sich aber derart vehement gegen die Institution richtet, liegt jedoch letztlich an der nicht weiter mehrheitlich geteilten und getragenen religiösen Überzeugung.

Der christliche Glaube ist nicht mehr *die* kulturprägende Größe, die er jahrhundertelang (und vermutlich auch eher aufgrund machtpolitischer und psychologischer Faktoren) gewesen ist. Die Geschichte der Neuzeit ist gekennzeichnet von einem ständigen Abwehrkampf der Kirche gegen neue Ideen und Errungenschaften. Von Kepler und Galilei bis hin zu Marx, Darwin und Freud, immer sah sie sich durch das Neue in ihrer gesellschaftlichen Stellung und (natürlich mehr betont) in der von ihr vertretenen verobjektivierten Wahrheit angegriffen. Diese Rückzugsgefechte haben bis weit in unser Jahrhundert hinein angehalten. Selbst die „Allgemeine Erklärung der Menschenrechte" durch die noch junge UNO vor über 50 Jahren fand zunächst keinerlei kirchlichen Segen. Im Gegenteil. Ebenso belegen die amtskirchlich verfügten Lehr- und Predigtverbote einzelner Theologen (sowie manche Bischofsernennungen) der letzten 20 Jahre einen konservativen bzw. restaurativen Geist, dem an innerkirchlicher Identität und Linientreue gelegen ist, dessen Außenwirkung allerdings mehr kontraproduktiven Charakter hatte.

Statt den offenen und offensiven Dialog mit der Welt und den internen Kritikern zu suchen und darin sich dem anderen Denken und Glauben zu stellen, bestimmte die negative Abgrenzung das kirchliche Handeln.
An diesem Prinzip haben auch die progressiven Impulse des Zweiten Vatikanischen Konzils nur kurzzeitig etwas ändern können. Das durch diese Tendenzen gespeiste Image der Kirche zeitigt nun immer spürbarer die eingangs genannten Früchte. Wer sich über so lange Zeit derart fortschritts- und demokratiefeindlich, so beschäftigt und gefangen durch weltferne Binnenprobleme gezeigt hat, dem schenkt man schließlich auch kaum mehr Gehör, wenn es um die Bewältigung aktueller gesellschaftlicher Herausforderungen geht.
Teils unverdient bleiben daher auch zukunftsweisende kirchliche Stellungnahmen, sei es zu Ökologie, Asylrecht, Abtreibung oder sozialer Gerechtigkeit, zunehmend wirkungslos.[1] Ihre langwährende Rolle als sinngebende und wertstiftende Instanz hat die Kirche schrittweise eingebüßt. Als Anbieterin einer religiösen Lebensperspektive sieht sie sich heute in eine weltanschauliche Pluralität gesetzt, die weithin den Spielregeln des Marktes gehorcht. Der Glaube ist nicht mehr *ihr* exklusives Gut. Die Religiosität ist mehrheitlich aus der Kirche ausgewandert und sucht sich derweil andere Unterkünfte, sofern Esoterik, New Age, der Sektendschungel, eine naive Wissenschaftsgläubigkeit oder das Fernsehen dieses wandernde Bedürfnispotential nicht schon bei sich gebunden haben.
Kurz: Die Krise der Kirchen ist eine Krise des Glaubens. Die Glaubenskrise ist aber vielmehr eine Krise der Glaubensvermittlung, d. h. der Art und Weise wie über Generationen das Christsein vorgelebt und plausibel gemacht wurde.[2]

Es ist noch nicht lange her, daß das Hineinwachsen in den kirchlich-religiösen Horizont im Lernen von Katechismus-Sätzen bestand, die man für

die Substanz des Glaubens hielt. Daß der Glaube, sofern er als christlicher gelten will, wesentlich mit dem realen Leben verknüpft sein muss, wurde erst in den 70er Jahren als pädagogische Maxime wiederentdeckt.
Die Eltern und Großeltern der heutigen Kinder und Jugendlichen durften an dieser Rückbesinnung und damit an einer realitäts-bezogeneren Religionspädagogik noch nicht teilhaben. Deshalb verbinden sie Religion und Glaube weiterhin mit beiläufigen Äußerlichkeiten sowie einer aufgesetzten und schwer nachvollziehbaren Weltsicht.
Wer wollte es daher den jungen Leuten verübeln, wenn sie größtenteils zur Kirche und damit zum Glauben eine distanzierte bis ablehnende Haltung einnehmen. Der institutionell vertretene Glaube zeigt für sie ein wenig einladendes Gesicht. Was sie suchen und akzeptieren können, scheint dort nicht geboten zu werden.
Doch diese „Kirche?-Nein Danke!"-Stimmung ist - Gott sei Dank! - noch nicht die ganze Wahrheit.

2. Die religionslose Jugend - ein kurzsichtiges Vorurteil

Bei Kirchen- bzw. Katholikentagen, beim letzten katholischen Welt-Jugendtreffen oder der Versammlung der Taizé-Anhänger könnte man den Eindruck gewinnen, als bestünde das verblieben-aktive Kirchenvolk überweigend aus Teens und Twens. Doch das Bild trügt doppelt.
Einerseits wachsen in unseren Breiten sicher 9 von 10 Jugendlichen ohne eine nachhaltige religiöse Sozialisation auf, wobei auch die formale Teilnahme an Taufe, Erstkommunion und Firmung noch keine ausreichende Basis zur Gestaltung einer eigenen religiösen Überzeugung und Lebenspraxis darstellt.
Andererseits definieren die dort so zahlreich zusammenrückenden jungen Leute ihren christlichen Glauben ebenso eigenwillig wie sie auch über andere Bezugspunkte ihres Lebens selbstbewusst, kritisch und autonom

entscheiden. Eine Orientierung an dogmatischen Vorgaben des kirchlichen Lehramtes ist für sie kein Weg zum Verstehen und Ausdrücken des Glaubens. Sie praktizieren einen produktiven Anarchismus um der Sache willen. Der Glaube muss für sie zuerst seine unmittelbare Lebenstauglichkeit erweisen.

Der Zugangsweg bedarf einer motivierenden Grunderfahrung bevor dem „theoretischen Überbau" weitere Aufmerksamkeit geschenkt wird. Damit steht diese Generation auf gut biblischem Boden, selbst wenn sie um diese Quellen nicht mehr weiß. Und wer wollte leugnen, daß derart in Erfahrung geprüfte und bedachte Glaubenshaltungen allemal auf festerem Grund stehen als wenn sie vorrangig in Tradition und Gewohnheit verankert wären.

Aber selbst bei den Jugendlichen, die nach eigenem Bekunden mit Kirche, Glaube und Gott nicht viel am Hut haben, herrschen trotzdem weder Unglaube noch Religionslosigkeit. Weit gefehlt. Man muss nur genauer hinsehen, um eine erstaunliche Vielfalt an „religiösen" Ritualen, Zeichen und Symbolen zu entdecken.[3]

So lassen sich auf Jacken, Schultaschen, dem Autoblech oder gar auf der Haut allerlei symbolische Hinweise darauf finden, was in der jugendlichen Lebenswelt angesagt ist. Dabei werden die herkömmlichen Bedeutungszusammenhänge von Zeichen und Symbolen recht ungehemmt übersprungen und mit einem neuen „Gehalt" verbunden. Das Kreuz ist dann eben nicht mehr zwangsläufig das christliche Erlösungssymbol und das Yin-Yang-Zeichen identifiziert nicht eindeutig das Bekenntnis zur alten chinesischen Philosophie. Der Umgang mit solchen Dingen ist in dieser Generation ungleich vielschichtiger geworden und lässt keine einfachen und generellen Schlüsse über Gerbrauch und Deutung mehr zu. Bisherige Verstehensmuster von Religiosität sind hier also nur von einem begrenzten diagnostischen Nutzen.

Wenn jedoch grundsätzlich gilt, dass

1. jeder materielle Gegenstand und jede Handlung einen symbolisch-sakramentalen Status erlangen können,
2. sakramentale Handlungen bzw. Symbole stets Ausdrucksformen einer dahinterstehenden individuellen oder kollektiven Überzeugung, also eines Glaubens sind, dass
3. menschliches Leben in zentralen Belangen gar nicht anders als in symbolischen Vollzügen gestaltbar ist, und
4. die religiöse Dimension als Sinndeutung des Ganzen ebenfalls eine anthropologische Konstante darstellt, dann gilt dies auch für die Heranwachsenden mit denen wir es zu tun haben.

Die unterschiedlichen Akzente ihrer Selbst-Inszenierungen sind sogar hochgradig mit Transzendenzverweisen besetzt. Ihre Symbolisierungen haben zeitbedingt die „Objekte" gewechselt - und wechseln ihrerseits auch kurzzeitig in der Be-deutung. Kleidung, Haarschnitt, Sprache, Schmuck, Musik, Treffpunkte usw. besitzen einen gesteigerten Aussage- und Bekenntniswert. Dem gilt es nachzuspüren, um überhaupt ins Gespräch kommen zu können. Die Jugendlichen entwerfen durchaus ihre eigene Theologie, die jedoch erst herausgehört werden will.[4]

Wer sich auf den Dialog mit der jungen Generation einlässt, wird feststellen, daß bei ihnen ein erhebliches religiöses Bedürfnis-Potential auf Ansprache und Befriedigung wartet.

Zumal sich die Jugendlichen entwicklungspsychologisch in einer höchst sensiblen Suchbewegung befinden. Das Bewußtsein erwacht aus dem Schlummer kindlicher Naivität. Die Erprobung von Beziehungen, die Entdeckung eigener und fremder Körperlichkeit, erste Schritte zur Selbständigkeit und beruflichen Zukunft, die Lösung von der elterlichen

Autorität, die Findung der eigenen Identität - all das sind letztlich Elemente einer altersspezifischen Krisensituation. Jugend bedeutet tiefgreifende Veränderungen, ein Dasein im Übergang, im Zwischenraum. Die veränderten gesellschaftlichen Rahmenbedingungen machen es heute offenbar schwieriger als früher, erwachsen zu werden. So definieren die Demoskopen die Phase der Jugend inzwischen über den Zeitraum vom 12. bis zum 29. Lebensjahr.

So ziemlich alles kommt ins Schwimmen in diesen Jahren. Das verstärkt die Suche nach Orientierungspunkten, nach befriedigenden Sinn-Antworten, gültigen Wertmaßstäben und nachahmenswerten Lebens-Modellen. Umso vitaler stellen Jugendliche die fundamentalen Fragen des Lebens: Woher? Wohin? Wozu?

Die Antworten des christlichen Glaubens - zumindest in seiner kirchlichen Präsentationsform - gehören dabei schon lange nicht mehr zu den Top-Angeboten, die bevorzugt nachgefragt werden.

Das hat gewiss mit einer für die jungen Adressaten zu geringen spirituellen Erfahrungsmöglichkeit, einer dem zeitgeschichtlichen Kontext nicht entsprechenden Plausibilisierung der Glaubensinhalte sowie einer wenig attraktiven Ausstrahlung kirchlich-gemeindlichen Lebens zu tun.

Der formale wie qualitative Sprung, der sich innerhalb weniger Jahrzehnte vollzogen hat, wird augenfällig am Eingliederungsritual in die reale Erwachsenenwelt: Als ein christlich-kirchliches Milieu noch gesamtgesellschaftlich prägend war, galt (neben dem ersten eigenen Geld nach Abschluss der Lehre) die Firmung bzw. die Konfirmation als Zeichen der Aufnahme in die Gemeinschaft der Mündigen.

Heute wird dieser Übertritt durch den erworbenen Führerschein dokumentiert, dem recht bald die automobile Realisierung folgt. Das Auto ist (unberührt vom rationalen Wissen um seine ökologischen Schattenseiten) zum universalen Symbol von Freiheit, Mobilität, Unabhängigkeit und Macht hochstilisiert worden. Seine potentielle Definitionskraft hinsichtlich Status, Erfolg und Wert des Besitzers ist - jedenfalls am stärksten in der erwartungsvollen Zeit vor Erreichen dieses Ziels - noch ungebrochen.

Bei derartigen Erfahrungen, Hoffnungen und Sehnsüchten ist der Dialog anzusetzen. Und dieser Dialog sollte von kirchlicher Seite (wer immer das konkret auch sein mag) in erster Linie von Ernstnahme, Zuhören und Verstehensbereitschaft geleitet werden.
Jeder, der sich mit Jugendlichen über den Glauben unterhält, wird sich auch der Rückfrage stellen müssen, was er denn selber davon habe: Was nützt der Glaube? Die Frage erscheint nur bei oberflächlicher Betrachtung naiv oder unsachgemäß. Sie zielt nämlich ohne Umschweife ins Schwarze.

Dem jungen Frager gegenüber nun redlich vom eigenen (!) Glauben zu reden, mit der ganzen Person und vor allem einer authentischen Lebenspraxis glaub-würdig ein lebendiges Zeugnis des Christseins abzugeben ist gewiss nicht leicht.
Denn nicht das einmal theoretisch Gelernte, das Apostolische Glaubensbekenntnis oder eine Handvoll dogmatischer Lehrsätze stehen nun zur Debatte, sondern der tatsächliche Alltag. Entweder lässt sich das, was Religion und Glaube meinen, genau dort aufspüren, oder es bleibt ein abgehobenes Spiel um Ideen und Begriffe, die ungeerdet und blutleer bleiben.

3. Wenn Glaube und Leben sich suchen - und finden?

Die heutige Religionspädagogik hat sich gründlich vom missionarischen Eifer früherer Zeiten verabschiedet. Wenn, wie angedeutet, das Christentum auf dem heutigen Marktplatz der Religiositäten nicht mehr die Monopolstellung inne hat, verbietet sich jeder selbstherrliche Auftritt von selbst, der dem

Unkundigen nun endlich Einblicke in letzte Wahrheiten zu gewähren bereit ist. Auch Christen „besitzen“ nicht die Wahrheit. Sie haben lediglich gute Gründe für ihr Hoffen. Nicht mehr und nicht weniger.
Wenn es auf einer ersten Stufe gelingt - und das gilt nicht nur für das Gespräch mit jungen Menschen - wenigstens die beiden folgenden Charakteristiken des (christlichen) Glaubens kenntlich zu machen, dann ist schon viel an Boden gewonnen[5]:

a) Der Glaube ist kein Fürwahrhalten althergebrachter und schwer verständlicher Bekenntnissätze. Er ist vielmehr eine (im wörtlichen Sinne) umfassende Lebenshaltung. Aus der Grundannahme der Geschöpflichkeit resultiert eine Weltsicht, die nichts und niemanden ausklammert, sondern alles in einem werthaften Licht sieht. Deswegen ist der normale Alltag mit seinen Höhen und Tiefen der primäre Ort der Glaubenserfahrung und -bewährung.
Christsein findet nicht vorrangig am Sonntag zwischen 10 und 11 Uhr statt. Er ist entweder eine reale Lebenshilfe oder ein irreales Gespinst.

Es soll nachvollziehbar werden: Der Glaube ist eine bestimmte Deutung der Welt und des Lebens. Erst, wenn du dich ein Stück weit auf diese Perspektive einzulassen bereit bist, kannst du auf deine eigene Weise erfahren, was sie bedeutet und welchen Wert sie für dein Leben besitzen kann. Was du für dich dabei herausholst ist davon abhängig, wie weit und wie intensiv du die Sache an dich hast herankommen lassen.

b) Der Glaube ist ein lebenslanger und offener Prozess. Niemand entscheidet, dass er ab jetzt zu glauben anfängt. Die Fähigkeit und Bereitschaft zu glauben - sei es den Worten anderer Menschen, an das Gelingen einer künftigen Unternehmung oder an das wohlwollende Dasein

Gottes - gleicht einem empfindsamen Pflänzchen. Es bedarf vieler nahrhafter Erfahrungen, um sich optimal entfalten zu können.

Den Grundstock dazu bilden zweifellos die gegebene Zuwendung, Liebe und Geborgenheit seitens der Eltern. Sie stärken das Selbstvertrauen, die Lebensbejahung und fördern die Beziehungsfähigkeit. Diese Ansatzpunkte einer konstruktiven religiösen Erziehung[6] machen die vollzogene „anthropologische Wende" in Theologie und Religionspädagogik deutlich, ohne die ein jeglicher Versuch der Glaubensvermittlung zwangsläufig am Adressaten vorbeiredet.

Es soll nachvollziehbar werden: Die Frage nach Gott hat wesentlich mit der Frage nach dir selbst zu tun. Es geht um deine wirkliche Identität, d. h. um das Aufspüren und Umsetzen dessen, was in dir steckt.

Die religiöse Sicht der Dinge reicht eben tiefer in dich hinein als es Konsum, Wohlstand oder die Wissenschaft je tun könnten. Und weil die Sache mit dem Glauben so weitreichend ist, so eng mit deiner eigenen Lebensgeschichte, deinem Denken, Fühlen, Wollen und Handeln verflochten ist, gibt es schließlich auch nicht „den Glauben" als objektive, abstrakte Größe. Jeder Einzelne färbt den überlieferten Glauben nach den eigenen Bedingtheiten jeweils für sich neu ein. Das schafft Freiräume, fordert aber auch zu einer aktiven Gestaltung und Verantwortung der eigenen Überzeugung heraus. Erst im Miteinander des Austausches von Erfahrungen und Argumenten wird sich zeigen können, was Bestand hat. Daher ist kein Christ mit seiner Suche nach der Wahrheit jemals am Ende. Den Glauben *hat* man nicht endgültig, er muss ständig neu überdacht, entwickelt und gestärkt werden. Insofern besitzt der christliche Glaube die gleiche Dynamik wie das Leben selbst. Finde also deinen eigenen Glaubensweg!

Eine Glaubensrede, die an der Jahrtausendschwelle noch Gehör finden will, wird sich bescheiden, aber bestimmt an die Seite der Suchenden stellen und sie zu begleiten versuchen. Sie wird sensibel die konkret-alltäglichen Dinge des Lebens heutiger Menschen wahrnehmen und auf deren religiöse Implikationen hin im Dialog bedenken. Auf diesem Wege lässt sich dann zeigen, wie untrennbar der Kern des christlichen Bekenntnisses in jedem Menschenleben verankert ist und zu dessen end-gültigem Gelingen beitragen will.

Wir brauchen Gott nicht zu den Menschen zu bringen, er ist schon längst da. Nur lebt er bei den meisten inkognito. Ihn entdecken zu helfen ist die Aufgabe. Alles andere wird dann dazugegeben.

Anmerkungen:

1) So sind laut einer Emnid-Umfrage für den Spiegel (Heft 52/1997, S. 60) 71% der Befragten dafür, daß die Kirche weniger Einfluss auf politische Entscheidungen hat. Auch bei der Wertevermittlung steht die Kirche (nach Polizei, Parteien und Greenpeace !) mit 37% nur noch an 4. Stelle (ebd. 68).
2) Die lebensgeschichtliche Aufarbeitung einer verfehlten oder gar krankmachenden religiösen Erziehung ist inzwischen vielfältig dokumentiert: z. B. T. Moser, Gottesvergiftung, Frankfurt 1976; J. Richter, Himmel, Hölle, Fegefeuer, Weinheim 1992; D. Funke, Der halbierte Gott, München 1993; H. Jaschke, Dunkle Gottesbilder, Freiburg 1992; K. Frielingsdorf, Dämonische Gottesbilder, Mainz 1992; L. Zellner, Gottestherapie, München 1995.
3) Vgl. R. Jungnitsch, Glaub doch was du willst, München 1996, S. 10-16;
4) Beispielhaft H. Schmid, Die religionspädagogische Relevanz von abgetragenen Turnschuhen, in: KatBl 110 (1985), 498-507; hilfreiche Einblicke in die Jugendszenen bieten K. Janke/S. Niehues, Echt abgedreht. Die Jugend der 9oer Jahre, München 1995. Entsprechende Brückenschläge entwirft R. Sauer, Mystik des Alltags. Jugendliche Lebenswelt und Glaube, Freiburg 1990. In soziologischer Perspektive H. Knoblauch, Die unsichtbare Religion im Jugendalter, in: W. Tzscheetzsch/H.G. Ziebertz (Hg.), Religionsstile Jugendlicher und moderne Lebenswelt, München 1996, 65-94.
5) Vgl. zum folgenden oben I/1.
6) Ausgeführt bei J. Hofmeier, Religiöse Erziehung im Elementarbereich, München 1987, bes.121-164.

Erschienen in: G. Riße (Hg.) Zeit-Geschichte und Begegnungen (FS für B. Neumann), Paderborn 1998, 295-301

3. Vergesst „Gott“! Thesenhafte Ausblicke in die religionspädagogische Landschaft, genährt vom Religionsunterricht in der Berufsschule

These 1:
Der gegenwärtige RU ereignet sich in einem bedenklichen Spannungsverhältnis zwischen fehlgeleiteten Erwartungen der Schüler und einer verunsicherten Rollenidentität der Religionslehrer.

Was mit dem ersteren der beiden Pole gemeint ist, lässt sich vielleicht am besten durch einen schon etwas älteren Witz verdeutlichen: Ein aufgeweckter Berliner Junge wird in einen katholischen Kindergarten geschickt. Dort gibt die geistliche Schwester eines Tages ein Rätsel auf: »Liebe Kinder, was wird das wohl sein: Es ist braun, hat einen langen buschigen Schwanz und springt im Wald fröhlich von Ast zu Ast?« »Nun, Schwester«, sagt der kleine Berliner, »eigentlich müßte det'n Eichhörnchen sein, aber wie ick den Laden hier kenne, ist es bestimmt das liebe Jesulein.«[1]

Die Situation wird wohl manchem Kollegen bekannt vorkommen. Man behandelt irgendein Thema, und sobald die Rede auf religiöse Bezüge kommt, setzt bei den Schülern ein assoziativer Verkettungsmechanismus ein: Religion - das ist Kirche, das ist Papst, das ist der konservative Pfarrer, das sind stupide Gottesdienste, das sind allerlei Verbote, eine antiquierte Moral usw. usw. Nein danke! Auf alles, was mit Religion zu tun hat, wirft die kirchliche Gestalt der christlichen Religion offenbar einen verdüsternden Schatten, der es schwer macht, andere Perspektiven für die Schüler erkenn- und respektierbar zu machen.

So liegt die Sache auch bei dem aufgeweckten Jungen. Denn wie er »den Laden hier« kennt, wird eben nicht das Naheliegende, das Alltägliche und Natürliche erwartet, sondern eine dieser eigenartigen und abgehobenen

Sprachschablonen, die die Leute in dem Laden eben gern hören wollen. Die Schwester hatte derartiges jedoch gar nicht im Sinn bei ihrer Frage. Sie hat nichts falsch gemacht, und doch schlägt ihr die Frucht einer jahrhundertelangen kirchlichen Pädagogik unverblümt aus Kindermund entgegen. Sogar in diesem Falle, wo nicht einmal ein vermeintlich religiöses Thema angesprochen wurde.
Ähnliches geschieht auch wiederholt und zunehmend im RU. Was eine gelingende Kommunikation zwischen Lehrern und Schülern erst einmal blockiert oder gar verhindert, sind die meist negativen Vorprägungen: eine nicht mehr stattgefundene religiöse Erziehung, eine selektive Wahrnehmung von Kirche, die völlige Ablehnung jeglicher bevormundenden Autorität u.v.a.m. Natürlich sind das alles schon fast mehr Platitüden, aber es bleibt wahr, weil es ungezählten Kolleg(inn)en tagtäglich begegnet.

Aber dieses geschichtliche und je individuell-biographische Erbe ist nicht nur bei den jugendlichen Schülern wirksam, sondern auch auf der Lehrerseite. Hier mag sich lediglich nach Alter, Geschlecht, Elternhaus, Studienzeit usw. ein differenzierteres Bild ergeben. Aber die Dissonanz bleibt: was man erfahren und erkannt hat in Sachen Glaube, Kirche, Gott usw., was einem selbst wichtig und zu einer wirklichen Lebenshilfe geworden ist, das lässt sich leider in der gewünschten Weise und Intensität so nicht (mehr) an die Schüler vermitteln. Ein ständig neues Suchen und Versuchen von Sprache, Methoden und Ansätzen ist die Folge. Das macht den RU in der Sekundarstufe II, speziell in der Berufsschule, zu einem mühseligen Geschäft.[2]
Hier ist nun schon der zweite Pol in dem genannten Spannungsverhältnis angesprochen. Auch er soll in einem Zitat erhellt und die Problematik damit schon weitergeführt werden. Es stammt von Paul Tillich (1886-1965) und hat von seiner Trefflichkeit bis heute nichts eingebüßt. In unserem Zusammenhang ist es sicher ein richtungsweisendes Wort für *beide* Seiten:

»Und seht euch dann einen ungebildeten Arbeiter an, der Tag für Tag eine mechanische Arbeit verrichtet und der sich eines Tages die Frage stellt: >Welchen Sinn hat es, daß ich diese Arbeit tue? Was bedeutet sie für mein Leben? Was ist überhaupt der Sinn meines Lebens?< Weil er diese Fragen stellt, ist dieser Mann auf dem Weg zur Tiefe. (...) Die Tiefe des Denkens ist ein Teil der Tiefe des Lebens. Das meiste in unserem Leben bewegt sich auf der Oberfläche. (...) Gehetzt und gejagt verletzen wir unsere Seele durch die Hast, mit der wir uns auf der Oberfläche bewegen, und dann stürzen wir hinweg und lassen unsere mißhandelten Seelen allein. Deshalb verfehlen wir unsere Tiefe und unser wahres Leben. (...) Der Name dieser unendlichen Tiefe und dieses unerschöpflichen Grundes alles Seins ist Gott. (...) Und wenn das Wort für euch nicht viel Bedeutung besitzt, so übersetzt es und sprecht von der Tiefe in eurem Leben, vom Ursprung eures Seins, von dem, was euch unbedingt angeht, von dem, was ihr ohne irgendeinen Vorbehalt ernst nehmt. Wenn ihr das tut, werdet ihr vielleicht einiges, was ihr über Gott gelernt habt, vergessen müssen, vielleicht sogar das Wort selbst. Denn wenn ihr erkannt habt, daß Gott Tiefe bedeutet, so wißt ihr viel von ihm.«[3]

Gewinnbringend ist dieser Gedanke, wie gesagt, für Lehrer *und* Schüler. Bei den Jugendlichen lässt er insofern aufhorchen, als hier von Dingen des Alltags ausgegangen wird, die Situationsbeschreibung zumindest teilweise ihrer gesellschaftlichen Beobachtung und ihrem Lebensgefühl entspricht, und zudem wird hier die Befreiung von einer religiösen Pflichtsprache gefördert.

Das alles trifft auch für mich als Religionslehrer zu, wobei aber der letzte Aspekt vielleicht der wichtigste ist. Denn eine solche Redeweise vom Kernpunkt jeglicher Religiosität schafft einen wirklichen Vermittlungs--Spielraum, der sich kreativ nutzen lässt. Von Religion reden heißt vom Leben reden. Nichts außerdem. Das aber in aller thematischen Breite, gedanklichen Konsequenz und Tiefenschärfe! Genau *das* ist die Eigenart heutigen Religionsunterrichtes. Der Ausgangs- und Bezugspunkt heißt nicht Glaube,

sondern Alltag, Leben und Schülersituation. Das ist vor allem für den Religionslehrer ein ungewohnter (religions-)pädagogischer Rahmen, da er auf eine solche Lehrsituation nicht vorbereitet wurde (doch dazu später).
Im Blick auf die Mehrzahl der Schüler ist es keineswegs übertrieben, wenn B. Jendorff diagnostiziert: »Jugendliche sind religiös schwerbehinderte Menschen, ihre Elternhäuser stehen in einem zubetonierten Vorfeld der Kirche. Die Wirklichkeit ist für viele nicht durchsichtig für das Mehr-als-das--Vordergründige. Die Fähigkeit, Wirklichkeit auch sakramental begreifen zu können, fällt aus«[4]. Wenn das so ist, erhebt sich nicht nur die grundsätzliche Frage nach einer angemessenen Sprache zur Vermittlung religiöser Perspektiven, sondern darüber hinaus auch die nach einer entsprechenden inhaltlichen Orientierung.

These 2:

Der künftige Religionsunterricht wird sich notwendig von der herkömmlichen akademischen Form von Theologie entfernen müssen, um seiner Aufgabe gerecht werden zu können.

Angesichts der beschriebenen Sachlage von religiöser Vermittlung in der Schule scheint mir dies als Gebot an erster Stelle zu stehen: Weg von einer *theo1ogischen* Sprach-Fixierung des Glaubens! Nicht mehr die Dogmatik sollte Angelpunkt und Richtmaß in der Glaubensweitergabe sein, sondern die Lebens- und darin enthaltene Glaubenspraxis. Das bedeutet etwa im RU, daß ein lebenspraktisches Thema (z.B. Konflikte, Gerechtigkeit, Partnerschaft usw.) auch konsequent in rein »diesseitiger« Sprache erörtert wird. Es muss überhaupt kein krampfhafter Versuch gemacht werden, den Dingen dieses Lebens einen »religiösen Bezug« abzuringen. Der ist immer schon vorhanden, bloß anders als erwartet oder gelernt. Jedes Thema lässt sich zu einer entsprechenden »Tiefe« hinführen, daß man dann sagen kann: dieses

radikale Suchen und Fragen, diese nicht gestillte Sehnsucht in uns - das ist Religion, in diesem Raum spielt sich das ab, was ich Glaube nenne.
Das bleibt (im guten Sinne) vorerst unbestimmt, gibt aber damit die Möglichkeit, daß die jungen Menschen in diesen Freiraum hinein ihr eigenes Fragen formulieren, ihre eigenen Träume und Sehnsüchte, ihre eigene Tiefe erst entdecken und entwickeln können. Das *ist* dann - ansatzweise, aber in voller Gültigkeit - was Religion im Menschen eigentlich wachrufen bzw. *wachhalten* möchte: die unauslotbare Tiefe des Lebens, die die Leute in dem »Laden« eben Gott nennen.
Natürlich ist vieles damit noch nicht gesagt, ist noch nicht unbedingt die Mitte des christlichen Glaubens angesprochen. Aber um die kann es heute im gesamten religionspädagogischen Arbeitsfeld nicht mehr unmittelbar gehen. Menschen, die als »religiös schwerbehindert« angesehen werden müssen (und das sind nicht nur Jugendliche), weil sie in einem (von wem?) »zubetonierten Vorfeld der Kirche« leben, sprechen eben eine andere Sprache als all jene, die zur *Glaubenvermitt1ung* sich in ihrem Studium (als Ausrüstung für diese Arbeit!) erst die vermeintliche Glaubenssprache zu eigen machen mussten. Diese lebensferne Reflexions- und Begriffssprache ist lediglich noch für Insider die Sprache des Glaubens. Für die Menschen im Vorfeld aber muss die Sprache der Religion auch die eines Vorfeldes sein. D.h. die fundamentale Basis jeglicher Religiosität ist hier das eigentliche Thema. Nicht mehr, aber auch nicht weniger.

Die Aufgabe des RU besteht, so umschreibt W. Langer völlig zu Recht, »nicht mehr allein in der Vermittlung der kirchlichen Glaubensüberlieferung... Es geht vielmehr zunächst darum, in einer radikal >weltlichen Welt< überhaupt die religiöse Frage als Existential des Menschen bewußt zu machen und offenzuhalten«[5]. Damit qualifiziert sich der RU innerhalb unserer weltanschaulich pluralen Gesellschaft als ein herausragender Ort im »Streit um die Wirklichkeit« (Siller)[6]. Das Verstehen und Vollziehen des RU als hermeneutischen Prozeß, dessen Ziel eben in dieser prozeßhaften Auseinandersetzung mit den unterschiedlichsten Deutungen des Lebens besteht, steckt sicherlich noch in den Kinderschuhen sowohl bei den Religionslehrern, als auch bei den Schülern (und darüber hinaus). Wer sich aber hinauswagt in das Vorfeld, in diesen anderen Lehr- und Lernprozeß, der wird vielleicht nachher mit D. Bonhoeffer sagen können: »Später erfuhr ich und ich erfahre es bis zur Stunde, daß man erst in der vollen Diesseitigkeit des Lebens glauben lernt«[7].

These 3:
Sofern die Theologie künftig als inhaltliche Bezugswissenschaft der Religionspädagogik ihre Geltung behalten soll, wird sie sich selber grundlegend als religions-*pädagogisch* zu gestalten haben.

Diese Behauptung nährt sich aus eigener und zahlreich gehörter Erfahrung: Nach langen Jahren des Theologiestudiums begann ich meine Lehrtätigkeit an einer Berufsschule. Hier erlebte ich nicht nur den berüchtigten »Praxis-Schock«, vielmehr mußte ich einsehen, daß ich das meiste von dem, was ich mühevoll gelernt hatte, nun ebenso mühevoll wieder abzustreifen, zu vergessen genötigt war, um wenigstens ein paar Schritte weit in die Welt der Jugendlichen hineinzufinden. So habe ich in den ersten Jahren fast mehr gelernt als gelehrt. Hören und Sehen lernen hieß die Aufgabe (und heißt sie noch), damit ich *meine* Rolle im Prozessgeschehen RU, die faktische Religiosität der Schüler und darin Bedeutung, Chancen und Grenzen meines Faches deutlicher in den Blick bekam. Das Zurückdrängen und Abwerfen des theologischen Ballast-Stoffes gestaltete sich jedoch als höchst aktiver, dialektischer Vorgang, denn es war zugleich ein gründliches Nochmal-Lernen des eigentlich schon Gehabten, nur diesmal aus religionspädagogischer

Perspektive. So manches Lehrstück habe ich, so scheint mir, durch dieses umgekrempelte Lernen in seiner religiösen Bedeutung zum ersten Mal wirklich verstanden. War es zuvor gelehrtes Wissen, so wurde es jetzt eine existentielle Einsicht. Kurzum: Die gesamte akademische Ausbildung dient nicht als Vorbereitung für eine fruchtbare Weitergabe des Glaubens. Und darin ist mehr enthalten als die vielbeklagte Differenz zwischen Theorie und Praxis.

Vermutlich hat es noch nie einen derart ausdifferenzierten Stand von intellektueller Reflexion über den Glauben gegeben, aber ganz sicher war auch noch nie ein so großer Teil der Christenheit so entkirchlicht und damit von der allgemeinen Glaubensüberlieferung innerlich und äußerlich so weit entfernt.

Der theologische Lehrbetrieb stellt heute überwiegend eine selbstgenügsame Meta-Reflexion dar, als daß er sinngemäß eine auch pädagogisch orientierte Besinnung des faktischen und des biblisch gemeinten Glaubens wäre. So manchen meiner Hochschullehrer habe ich mir seither zum heilsamen Erleben dieser unheilvollen Distanz einmal in die Berufsschule gewünscht. Ihr Lehren sähe danach anders aus.[8]

Seit den Tagen des 2. Vatikanischen Konzils hat sich zwar theologisch und religionspädagogisch einiges bewegt, hat sich die Religionspädagogik als eigene Disziplin überhaupt erst konstituiert. Nicht ausreichend geklärt ist bis heute aber der Bezugsrahmen der Religionspädagogik und damit ihr Selbstverständnis. Maßgebliche Bestimmungsversuche der letzten Jahre definieren sie als »Theorie religiöser Vermittlung« (U. Hemel)[9] oder als »Theorie religiöser Lern- und Bildungsprozesse« (R. Englert)[10]. Immer wird sie dabei als (praktisch-)theologische Disziplin verstanden. »Religionspädagogik ist jedoch keine Abbildungs- und Applikationsstätte von Ergebnissen der Bibelwissenschaften oder der Dogmatik beziehungsweise ihrer neuesten Richtungen und Moden, sondern eine eigenständige Disziplin, die einen eigenständigen Gegenstandsbereich wissenschaftlich zu verantworten hat« (A. Stock).[11]

Dieser genuine Gegenstandsbereich ist zwar (ganz formal gesehen) der religiöse Lehr- bzw. Lernprozess, doch wird die Religionspädagogik erst dann ein wirkliches Eigenprofil erlangen, wenn sie 1. sich aus dem dominierenden Schattenfeld der Schultheologie herausbegibt und die Theologie als *ein* Bezugsfeld neben anderen betrachtet (z.B. Religionswissenschaft, Human- und Sozialwissenschaften), und 2. sich als radikale *Praxis*reflexion erweist.

Im Sinne dessen, was oben zu den beiden ersten Thesen gesagt wurde, ließe sich dann mit A. Stock feststellen: »Theologie in diesem wörtlichen Sinn ist Religionspädagogik, insoweit sie dem Rechnung trägt, daß es in der religiösen Erziehung nicht bloß um die Zukunftssicherung der Institution Kirche, um Traditionsvermittlung und ethische Bildung geht, sondern darum, ob und wie die, die nach uns kommen, mit Gott zu tun haben werden«[12]. Das trifft sich gewiss mit den Intentionen Tillichs.

Unsere theologische Tradition - und im Gefolge jeder religionspädagogische und katechetische Ansatz - war bisher von oben nach unten gedacht. Ausgangspunkt war stets die rechte Lehre, nicht aber der Hörer: Heute muss sich das Augenmerk stärker den Verstehensbedingungen auf Seiten der Hörerschaft zuwenden, wenn noch etwas »ankommen« soll. An der bisherigen Struktur der Theologie haben erst in jüngster Zeit die unterschiedlichen Facetten von Befreiungstheologie als auch die feministische Theologie partiell etwas verändert. Unaufhaltsam setzt sich jedenfalls die Einsicht durch: Theologie muss von unten kommen![13]. Nochmals religionspädagogisch gewendet heißt das: auch Religionspädagogik - wenn sie ist, was sie sein soll - kann nur »von unten« her definiert werden. Das gilt von der Elementarerziehung bis hin zur Erwachsenenbildung. Objekt der Religionspädagogik wäre unter dieser Rücksicht der Vermittlungsprozess, das Subjekt sind in erster Linie all die buchstäblich *praktischen* Religionspädagogen, deren tägliches Brot diese Vermittlung ist. Gemeint ist also eine ständige gemeinschaftliche Reflexion der Praktiker dieses Vermittelns, die nicht nur dauerhaft »dem Volk aufs Maul schauen«, sondern allein schon *deswegen* wirklich substantiell und praxisrelevant etwas beizutragen hätten. Eine solch breit angelegte Basisreflexion findet zwar schon ansatzweise statt, doch beschränkt sie sich auf schulartspezifische Arbeitsgemeinschaften und Fortbildungsveranstaltungen, die großenteils aber auch nach dem Bildung-von-oben-Schema verlaufen. Eine wirksame Verknüpfung und Verwertung der reichlich vorhandenen Praxiserfahrungen findet bislang kaum statt. Sie wird aber immer nötiger, je weiter die religiöse »Behinderung«, der sogenannte Indifferentismus fortschreitet, damit irgendwann - und nicht nur im Kindergarten - ein Eichhörnchen wieder ein Eichhörnchen sein kann.

Anmerkungen:

1) Der klerikale Witz (hg. von H. Bemman), dtv 1210, München 1977 (2. Aufl.), 105

2) Vgl. »Religionsunterricht. Aktuelle Situation und Entwicklungsperspektiven« (Arbeitshilfen 73), hg. v. Sekretariat der Deutschen Bischofskonferenz (1989), bes. 91-94 u. 179-191.Zu den Allensbacher Untersuchungen zum RU (1988) vgl. RpB 25/1990

3) P. Tillich, In der Tiefe ist Wahrheit (Religiöse Reden, 1. Folge). Frankfurt 1952 (9. Aufl. 1985), 54 f.

4) B. Jendorff, Religion unterrichten - aber wie?, München 1992. Das bedeutet aber nicht, daß Jugendliche völlig areligiös sind, daß sie keinerlei Glauben haben: vgl. R. Jungnitsch, Religionslose Jugend?, in: Lebendiges Zeugnis (LZ) 44. Jg. (2/89) Heft 2, 129-136; ders., Religion für morgen vermitteln, in: LZ 47. Jg. (1992), 135-143. Ebenso R. Sauer, Mystik des Alltags, Freiburg 1990.

5) W. Langer, Art. »Religionsunterricht«, in: NHThG Bd. 4, 58-67, 64

6) H.P. Siller, Handbuch der Religionsdidaktik, Freiburg 1991, 10

7) D. Bonhoeffer, Widerstand und Ergebung, Gütersloh 1976 (9. Aufl.), GTB 1, 183 (Aufzeichnung v. 21.7.1944)

8) Den Vorwurf praxisfernen Theoretisierens kann man leider auch einem Teil der akademischen Religionspädagogen nicht ersparen. Ohne eigene - und sei sie noch so gering – aktuelle Unterrichtspraxis (möglichst in der Sek. II) vermag eigentlich niemand sich *praxisrelevant* zu Wort zu melden.

9) U. Hemel, Religionspädagogik im Kontext von Theologie und Kirche, Düsseldorf 1986, 39

10) R. Englert, Art. »Wissenschaftstheorie der Religionspädagogik«, in; HRpG Bd. 2, 424-432, 429

11) A. Stock, Wissenschaftstheorie der Religionspädagogik, hier zitiert nach K. Wegenast, Religionspädagogik Bd. 2, Darmstadt 1983, 377-396, 395

12) Ebd. 396

13) So der Titel einer reizvollen Beitragssammlung der Theologin Marie Veit (Wuppertal 1991), darin auch in der hier gemeinten Richtung: »Alltagserfahrungen von Jugendlichen – theologisch interpretiert«, ebd. 20-51 (zuvor in JRP 1, Neunkirchen-Vluyn 1985)

Erschienen in: rabs (= Religionspädagogik an berufsbildenden Schulen, Kösel-Verlag, München) Heft 2/1993, 44-48

4. Religion für morgen vermitteln. Aphorismen und Anmerkungen zur vielbeklagten „Krise der Glaubensvermittlung“

Ein Aphorismus, so belehrt uns das Wörterbuch, ist ein in sich geschlossener, kurz und treffend formulierter Gedanke, ein geistreicher Sinnspruch. Einige solcher Sinnsprüche sollen nun die kurzen Bemerkungen über die gegenwärtige Krise der Glaubensvermittlung auf ihre Weise treffsicher begleiten.
Diese zugespitzten Worte stammen aus der Feder des polnischen Satirikers Stanislaw Jerzy Lec (1909-1966), dessen „Unfrisierte Gedanken“ auch hierzulande ein breites Publikum gefunden und begeistert haben. Die getroffene Auswahl aus seinem reichen Aphorismenschatz vermag, so scheint mir, manchen Aspekt des Themas vorzüglich zu charakterisieren, daran Wesentliches zu erfassen und gar dessen „schwache Stelle“ bloßzulegen. Aber immer geschieht das bei Lec mit einer augenzwinkernden Menschenfreundlichkeit, eine „Reminiszenz an eine verschüttete Welt, deren Abglanz dieser freundlich militante Dichter immer noch mit sich herumtrug“.[1]
Doch nun zur Sache.

Es gibt tiefgläubige Menschen – denen nur die Religion fehlt (AUG, 148)
Seit Jahren wird vielstimmig und lautstark lamentiert, es gehe mit der Weitergabe des Glaubens und der überlieferten Werte rapide bergab: Die Lichtung der Kirchenbänke, der Priestermangel, überhaupt habe das Ansehen der Kirchen in der Öffentlichkeit stark an Leuchtkraft verloren, der Zeitgeist scheine über kirchliche Traditionen einfach hinwegzurollen, der schulische Religionsunterricht stehe zunehmend in der Schusslinie, die katechetischen Bemühungen in den Gemeinden liefen vielfach ins Leere und so weiter. Insbesondere die nachwachsenden Generationen seien religiös

kaum mehr ansprechbar und ließen daher um die Zukunft der Kirche und der ganzen christlichen Religion fürchten.
So soll das Augenmerk zuerst auf die „Krise“ gerichtet werden, um von dort aus ein paar Ausblicke zu wagen auf die sicher zu keiner Zeit leichte Aufgabe der religiösen Bildung und Erziehung. Von herausragender Bedeutung ist hierbei gewiss die Frontlinie des Religionsunterrichtes, wenn die Anmerkungen wohl auch für andere Bereiche gelten mögen.

Was hat euer Gesicht so entstellt? Die allzu großen Worte (LB, 54)
Wer wollte leugnen, dass in Kirche und Theologie einiges im Umbruch ist. Seit den sechziger Jahren, der Zeit des Zweiten Vatikanischen Konzils, wendet sich die Theologie verstärkt gesellschaftspolitischen und ökologischen Fragen zu, hat sich dem Dialog mit den Human- und Geisteswissenschaften, der zeitgenössischen Philosophie und den anderen Religionen offener gestellt, ist sprachlich und argumentativ politischer und selbstkritischer geworden.
Die Religionspädagogik starrt nicht mehr bloß auf zu vermittelnde Inhalte, sondern setzt sich intensiver auseinander mit den Möglichkeitsbedingungen der Glaubensvermittlung. Sie nimmt heute stärker die Adressaten in ihren jeweiligen Lebenssituationen wahr und berücksichtigt kommunikative Strukturen und Voraussetzungen. man versucht neu zu lernen, wie man Religion lehrt.
Ein wesentlicher Punkt in diesem Revisionsprozess ist die gewachsene Einsicht, dass der christliche Glaube in der Vergangenheit zu einseitig *theologisch* verstanden und präsentiert wurde. Begriffe und Definitionen, Formeln und Dogmen, eine übermächtige Tradition und festgeschriebene Erfahrungen anderer waren die Grenz- und Angelpunkte des Glaubens. Erst in unseren Tagen findet eine allmähliche Emanzipation von dieser Fixierung statt. Viele Christen wagen erstmals öffentliche Kritik an kirchlichen

Strukturen oder bischöflichen Äußerungen und finden den Mut zu *eigenen* Wegen und Erfahrungen. Andere haben angesichts der real existierenden Kirchen bald resigniert, bleiben nur noch formal Gemeindemitglieder oder vollziehen endgültig den Austritt.
Ganz individuell durchlaufen die meisten Jugendlichen einen solchen Krisenprozess in ganz wenigen Jahren. Wenn nämlich ihre sogenannte religiöse Sozialisation derart „trocken“ und abschreckend verlief, wird die Firmung bzw. die Konfirmation die definitiv letzte Station in ihrer kirchlichen Glaubensbiographie bleiben. Der Religionsunterricht in der Schule als nochmals unfreiwillige Konfrontation mit dem ungeliebten Thema vermag dann sicherlich keine Wende mehr herbei zu führen, höchstens ein paar Korrekturen anzubringen, die den Heranwachsenden vielleicht noch einmal zum Nachdenken bringen, ob dies denn wirklich alles gewesen ist in Sachen Glaube, Religion und Gott.
Kurz: Bisher war die christliche Religion zu sehr vom Intellekt geprägt und hat wesentliche Aspekte der Menschennatur übersehen. „Es darf und kann nicht länger sein, daß die Lehre vom Heil von den wirklichen Erfahrungen, denen sie entstammt, abgetrennt ist und zur bloß äußerlich übernommenen Lehre entartet (...) und somit die Religion zu einer bloßen Willensanstrengung, zu einer einzigen verkrampften Moralaskese degeneriert.“[2]

Oder noch einmal aphoristisch mit Lec gesprochen: ***Wegweiser können eine Straße in ein Labyrinth verwandeln*** (LB, 119) und ***Es genügt nicht, zur Sache zu reden, man muß zu den Menschen reden*** (LB, 159).
Es ist also kaum zu leugnen, dass hier eine Situation vorliegt, die Religionspädagogik, Theologie und Kirche vor besondere Aufgaben stellt. Denn die vielzitierte „Krise“ betrifft offensichtlich nicht nur die äußerlichen Rahmenbedingungen kirchlich geprägter Religiosität, sondern umgreift auch das Was des Glaubens, das Überlieferte selbst.

Gerade *weil* die überlieferten Inhalte in ihrer bisherigen Gestalt kaum mehr zugänglich sind und dadurch auch nicht lebensbedeutsam werden können, erleben wir seit Jahren einen überquellenden Markt an theologischer und spiritueller Zubringer-Literatur für alle Altersgruppen sowie ausgedehnte Medienprojekte in Funk und Fernsehen. Alles mit dem einen Ziel, den Glauben nahezubringen, das heißt ihn verstehbar und nachvollziehbar zu machen.

Der angezielte „Erfolg“ all dieser Bemühungen entzieht sich naturgemäß einer unmittelbaren Messbarkeit. So nährt die nicht nur statistisch erfassbare Distanzierung zu Kirche und Glaube in unserer Gesellschaft den Gebrauch des Schlagwortes „Krise“. Ob diese Vokabel der jetzigen Situation aber überhaupt gerecht wird, sie sachgerecht aufgreift und benennt, darf jedoch bezweifelt werden.

„Die Beobachtungen, Erfahrungen und Vermutungen zur augenblicklichen Situation von Glaube und Kirche werden zunächst als Verlust empfunden: als Verlust von Kirchenbesuchern, Kirchenmitgliedern, Werten, Legitimität, Tradition, Sinn, Glauben.“[3]

Schon die sich gleich anbietende Rückfrage, *wer* denn diesen Verlust als solchen erlebt, offenbart, wie einseitig und damit unzureichend der Krisen-Terminus ist. Denn, so Harald Lang weiter, „anstatt nach den positiven Kräften, die in jedem gesellschaftlichen Umbruch verborgen liegen, zu fragen, werden Krisenmetaphern bemüht, hinter denen auch die vorhandenen positiven Werte des sozialen Wandels verschwinden müssen.“[4]

Es gilt also nicht nur das Gebot einer differenzierteren Betrachtung, vielmehr sogar einen notwendigen Perspektivenwechsel zu vollziehen: Die Krise als Chance!

Das bedeutet keinen rhetorischen Trick zur Beruhigung der deprimierten Gemüter. Die zu verändernde Blick-Richtung verlangt einen verschärften

Realismus in der Selbstwahrnehmung und Selbstdarstellung von Theologie und Kirche.
Warum wohl fällt es vielen (der Amtsträger) in der Kirche so schwer, die „Zeichen der Zeit" zu erkennen und entsprechend zu handeln? Ist es nicht möglich, gelten zu lassen, dass der Heilige Geist weht, wo *er* will, nämlich auch auf der *anderen* Seite? Wieviel Wirksamkeit trauen wir dem Geist Gottes in dieser Welt eigentlich zu?[5]

Hier mag gelten, was Lec auf seine Weise ausdrückt: ***Die Abdrücke vom Finger Gottes sind nicht immer identisch*** (LB, 99)
Wenn die Aufgabe der Stunde folglich heißt, Mut zu fassen in all den Um- und Aufbrüchen und sich mit begründeter Hoffnung auf die vielfältigen Chancen dieser „Krise" einzulassen, so sollen nachfolgend in wenigen Strichen noch ein paar Facetten einer zukunftsfähigen religiösen Vermittlung skizziert werden. Das geschieht nicht mit dem Anspruch auf Vollständigkeit und Optimum, eher mit der Absicht einer thesenhaften Anregung.[6]

Nenn das Ding beim Namen, aber auch beim Pseudonym (AUG, 56)
Wurde bisher so viel Wert darauf gelegt, das Geglaubte auch bei seinem richtigen dogmatischen Namen zu nennen, wird es künftig wichtiger sein, zeigen zu können, wo und wie Gott, Glaube, Sakramentalität usw. in den Dingen des Alltags vorkommen (können), ohne dass sie dort solche Namen tragen. Alles, was religiös vermittelt werden soll, hat in unserem durchschnittlichen Lebensalltag seine Entsprechungen. Wäre dem nicht so, bliebe der Glaube eben unpassend, fremd und aufgesetzt.
Jegliche religiöse Vermittlung wird demnach in ihrem sprachlichen Ansatz, also hinsichtlich der verwendeten Begrifflichkeit, *nichttheologisch* zu sein haben.

Jeder Zuschauer bringt seine eigene Akustik ins Theater mit (AUG, 116)
Dass dies auch und gerade im Bereich des Religiösen gilt, ist eigentlich eine Binsenweisheit, doch hat die kirchliche Pädagogik genau das lange genug übersehen. Die Weitergabe war auf die inhaltliche Korrektheit fixiert, statt auf den Hörer und seine Situation. Erst heute lernen wir wieder neue zu sehen, dass schon Jesus selbst das beste Beispiel für diesen revidierten Ansatz ist. Er wusste um die mitgebrachte Akustik, redete darum in Gleichnissen, deren „Stoff" dem Alltagsleben der Angesprochenen entnommen war. Daher wird eine zukunftsfähige Glaubensvermittlung mehr als bisher *erfahrungs-bezogen* und *erfahrungs-gesättigt* sein müssen.

Ein wahrer Gläubiger setzt sich aus Fragen zusammen, ein wahrer Gott aus Antworten (AUG, 213)
Wenn eine Glaubensvermittlung erfahrungs*bezogen* sein will, mündet sie unter anderem in die Begegnung mit der Überlieferung der Glaubenserfahrungen früherer Generationen, insbesondere mit deren philosophisch-theologischer Terminologie und Struktur. Sofern die daraus genährte Heilsgewissheit früherer Zeiten inzwischen weithin abgebaut wurde, so ist er dennoch nicht völlig verschwunden. Es war wirklich ein bemerkenswerter theologischer Sprung in die Neuzeit als das letzte Konzil einräumte, es gebe auch außerhalb der katholischen Kirchengrenzen wahren Glauben und gültige Gotteserkenntnis. Solcher Großmut war dem bis dahin vorherrschenden exklusiven Glaubensverständnis der römischen Kirche absolut fremd.
Gerade gegenüber Kindern und Jugendlichen, die in einer vergleichsweise viel kleineren, engeren und vernetzteren Welt aufwachsen, gebietet die Redlichkeit eine entsprechende Bescheidenheit und Selbstrelativierung des eigenen Glaubensstandpunktes. Wahre Toleranz beginnt bekanntlich dort, wo dem Andersgläubigen nicht nur im Sinne einer Duldung *sein* anderer

Glaube zugebilligt wird, sondern wo er in seinem Andersglauben sogar bestärkt wird, weil dies ein zentraler Bestandteil seiner Identität ist.

Der christliche Glaube beansprucht ja auch nicht, die Lösung aller Probleme zu sein, noch Antworten auf alle Fragen zu haben. Genau das sollte aber nicht allzu kleinlaut weitergesagt werden. Es macht den Glauben nicht schwächer, sondern glaub-würdiger. Angesagt ist folglich eine (inhaltlich) *theologisch-reduktive* Weitergabe des Glaubens, das heißt es kann nicht mehr angehen, möglichst umfangreiche *Kenntnisse* über die Bibel, den Katechismus, die Kirchengeschichte, die Heiligen, Gebete und Gebote als das Zentrum der Vermittlung anzusehen. Diesem kognitiven Wissen fehlt fast durchgängig die motivierende und erschließende Erfahrungsbasis.

Anders duftet das Heu den Pferden und anders den Verliebten (AUG, 59)
Gerade wenn der Glaube nicht mehr einseitig monologisch-autoritär vorgestellt wird und sich statt dessen *dialogisch-offen* präsentiert, hat er eine Chance, in einer weltanschaulich pluralen Gesellschaft überhaupt noch ernst genommen zu werden. Insbesondere das Gespräch mit der Jugend untersteht verschärft diesem Anspruch. Erst das Wahrnehmen und Geltenlassen aller kritischen Nachfragen und Argumente konstituiert den anderen als wirklichen Gesprächspartner. Wer in Sachen Religion mit Jugendlichen zu tun hat, weiß um die erforderliche Sensibilität in diesem Dialog. Und er wird auch wissen, mit welch gesundem Gespür viele Jugendliche den Sektor Kirche und Glaube abtasten und recht gut benennen können, wo die Kirche ihrer Lebenswelt fernsteht und die Botschaft sie nicht betrifft.
Weil aber das Lebens-Heu eben jedem anders duftet, ist der unbedingte und tabufreie Dialog ein unverzichtbarer Wesenszug einer zukunftsfähigen Religion.

Zwei Parallelen begegnen sich in der Unendlichkeit – und sie glauben daran (LB, 66)

Derzeit befindet sich das Schiff der evangelisch-katholischen Ökumene offenkundig in einer Flaute. Der rechte Elan und ein förderliches Klima scheinen nicht vorhanden (und kaum gesucht) zu sein. Zumindest was die „amtliche" Ebene betrifft. Die Praxis vor Ort sieht da anders aus und ist – Gott sei Dank – schon einen Schritt weiter. Zum Beispiel im Religionsunterricht. Kennt die rechtliche Vorgabe bisher nur den konfessionellen Unterricht, bei dem Schüler, Lehrer und Lehrplan demselben Bekenntnis angehören, so lässt sich diese Bedingung immer weniger aufrechterhalten.[7]

Die volkskirchliche Epoche ist endgültig vorbei, was sich unter anderem an der wachsenden Zahl ungetaufter Kinder und Jugendlicher ablesen lässt (von der ebenfalls gestiegenen Zahl moslemischer u.a. Schüler einmal abgesehen).

So wird etwa in den berufsbildenden Schulen, die immerhin rund 80 % aller Jugendlichen absolvieren, vielerorts der Religionsunterricht sinnvollerweise nur noch im Klassenverband erteilt, nicht mehr nach Konfessionen getrennt. Diese Tendenz ist steigend und signalisiert einmal mehr an die Kirchenleitungen, sich buchstäblich ökumenisch zu geben, die Kirchenspaltung zu überwinden und auch den Religionsunterricht *gemeinsam* neu zu definieren.

Die Zeit einer abgrenzenden Konfessionalität ist abgelaufen. Das Überleben der Kirchen hängt nicht zuletzt an deren gemeinsamer Hervorhebung dessen, was sie im Glauben verbindet. Gleichermaßen gilt diese ökumenische Ausrichtung neben der Schule auch im Rahmen familiärer Erziehung sowie für jede einzelne Kirchengemeinde.

Henker treten meist in Masken der Gerechtigkeit auf (LB, 67)

Religiosität stand von jeher für Innerlichkeit, für die je individuelle Gottesbeziehung und Heilsgeschichte des einzelnen. Das ist richtig und behält auch weiterhin seine Geltung. Dennoch offenbart sich in unseren Tagen eine globale Weitung des religiösen Horizontes: Unsere gemeinsame und umfassende Verantwortung für Frieden, Gerechtigkeit und die Bewahrung der Schöpfung. Die religiöse Vokabel vom „Heil" lässt sich in letzter Konsequenz nicht allein als eine individuelle Größe verstehen, sondern setzt Gemeinschaft und Solidarität voraus.

So zielt jede religiöse Erziehung auf eine wachsende Sensibilität bei den Heranwachsenden für diese Themen, an die unser gemeinsames Überleben geknüpft ist. Den Glauben weitergeben beinhaltet daher auch immer eine *politische* Option. Gerade heute schulden wir den jungen Leuten eine motivierende Vermittlung von plausiblen Grundwerten, eine Hilfe zur schwerer gewordenen Identitätsfindung und zur Entwicklung einer ethischen Handlungskompetenz. Dann erlangen sie nicht nur die nötige Mündigkeit in Sachen Religion, sie sind auch als mündige Bürger dieses Staates in der Lage, dessen Zukunft verantwortungsbewusst mitzugestalten.[8]

Wir begreifen alles, und deshalb können wir´s nichts begreifen (AUG, 12)

Das geistige Virus unseres Zeitalters wirkt unweigerlich auch in unseren Kindern und treibt bis zum Erwachsensein vielerlei bedenkliche Blüten. Der bei den Jugendlichen beobachtbare Hang zu einer unkritischen Wissenschaftsgläubigkeit erschwert gerade dem Religionslehrer so manche Stunde. Gegenüber den harten Fakten wissenschaftlicher Forschung, so die vorherrschende Einschätzung, hat die Religion nicht allzu viel an klaren Daten und Erkenntnissen vorzuweisen.

Was hier als Verstehensvoraussetzung fehlt, und darum stets neu untermauert werden muss, ist das Staunen, das Innehalten, das Besinnen, das Wahrnehmen des Geheimnisvollen sowie eine fundamentale Sprachlehre und Symbolkunde.[9]
Die christliche Tradition beinhaltet dazu zwar ein reiches Erbe, doch wurde es (neben dem rationalen Aspekt) nicht gleichstark *mit*überliefert, so dass Angebote zur Meditation, zu autogenem Training, zu Selbsterfahrung usw. heute auf eine breite Marktlücke stoßen.
So wird eine ganzheitliche Glaubensweitergabe die *mystische* Dimension des Lebens und der Religion als ein wesentliches Element zu wahren haben.

Wenn ein Wort Fleisch wird, hört es auf, Literatur zu sein (AUG, 103)
Was blieb eigentlich mehr zu wünschen als diese Inkarnation? Ist doch der Glaube daraufhin angelegt, sichtbar, spürbar und heilend wirksam zu werden. Zutreffend ist es daher auch, wenn man vom christlichen Glauben weniger von einer „Lehre“ spricht (die zu lernen und zu befolgen wäre), sondern von einer „Existenzmit-teilung“ (E. Drewermann) oder von einer *Lebenshaltung*, die sich beispielhaft mit-teilt und kreativ ins je eigene Leben übersetzt werden will.
Es geht demnach um eine *handlungsorientierte* Vermittlung des Glaubens, die dem ganzen erst ein glaubwürdiges Gesicht zu geben vermag. Und einiges in Kirche und Theologie wäre noch vom Kopf auf die Füße zu stellen.
Es zeigt sich also: Wir müssen der Krisen-Vokabel nur ihren negativen Beigeschmack nehmen, damit das Positive, das ebenfalls drinsteckt, durchscheinen kann. Zu einer resignativen Grundstimmung besteht jedenfalls kein Anlass, wenn wir den Mut aufbringen, gewohnte Pfade zu verlassen und selber wieder ein „neuer Weg“ zu sein. So wurde bereits die Jesus-Bewegung zur Zeit des Neuen Testaments genannt, und manches verbindet uns situativ mit jenen Tagen. Trauen wir uns und Gott doch genauso viel zu!

Anmerkungen:

1) Karl Dedezius im Nachwort zu dem von ihm herausgegebenen Band "Das große Stanislaw Jerzy Lec Buch" (=LB), Vorwort von Umberto Eco, Goldmann-TB 9568, München 1990, 255. Die andere Lec-Sammlung, aus der hier zitiert wird, wurde ebenfalls von K. Dedezius herausgegeben unter dem Titel "Alle unfrisierten Gedanken" (=AUG), Hanser Verlag, München 1988 (4. Aufl.). Nachfolgend sind beide Werke mit den genannten Kürzeln angegeben.
2) E. Drewermann, Strukturen des Bösen, Bd. 2, Paderborn 1988 (5. Aufl.), XXXI; ders. an anderer Stelle: "Begriffe der Theologie haben in meinen Augen so viel an Wert, als sie Erfahrungen deuten", in: Ders./J. Jeziorowski, Gespräche über die Angst, GTB 1296, Gütersloh 1991, 93
3) Harald Lang in seiner trefflichen Analyse "Bemerkungen zum Gespräch über die 'Krise' bei der Weitergabe des Glaubens", in: Religionspädagogische Beiträge 28/1991, 103-121, 106
4) Ebd., 109
5) So auch eine Tagebuchnotiz von Fridolin Stier vom 26.12.1970:
"Es sprach der Herr zum Papst im Traum:
Die Atheisten, gegen die du eiferst, leugnen mich,
aber ihrer viele tun mein Wort.
Du aber, du eiferst für den Glauben an mich,
bekennst dich zu mir –
vermagst du auch zu erkennen,
daß ich es bin, der es in ihnen tut?
Denn: Ob geglaubt oder geleugnet,
ICH bin der Herr, *ihr* Gott!"
aus: Vielleicht ist irgendwo Tag, Freiburg/Heidelberg 1981,87
6) So wäre hier weiter zu unterscheiden zwischen den inhaltlichen Ansätzen und Schwerpunkten einerseits und den didaktisch-methodischen Strukturen andererseits. Auch bliebe noch zu differenzieren, wo das Gesagte mehr für den Religionsunterricht oder mehr für die Gemeindekatechese gilt. Doch gibt es sicherlich in allen Punkten vergleichbare Aufgabenstellungen.
7) So leider nochmals sehr einschränkend betont in der Erklärung der Deutschen Bischöfe "Die bildende Kraft des Religionsunterrichts" vom 27.09.1996. Zur Diskussion um die Konfessionalität vgl. R. Sauer/R. Mokrosch (Hg.), Ökumene im Religionsunterricht, Gütersloh 1994; N. Scholl, RU 2000. Welche Zukunft hat der Religionsunterricht?, Zürich 1993, 162-213

8) In diese Richtung zielt auch das Plädoyer für einen religiösen Basisunterricht (als Neukonzeption des konfessionellen Unterrichts) von Norbert Scholl, Tiefgang für Getaufte und Nichtgetaufte, in: Publik Forum Nr. 16 vom 2.08.1991. Als religionspädagogische Handlungstheorie ähnlich angelegt von Norbert Mette, Identität in universaler Solidarität, in: Jahrbuch der Religionspädagogik 6 (1989), hg. von P. Biehl u.a., Neukirchen-Vluyn 1990, 27-55

9) Vgl. R. Jungnitsch, Und das soll einer glauben, München 1998, Kap. 1

Erschienen in: Lebendiges Zeugnis (Bonifatiuswerk der deutschen Katholiken, Paderborn) Heft 2/1992, 135-143

5. Das Berufsschul-Paradigma

Das Damoklesschwert, das bedrohlich über der Kirche in der Welt von heute schwebt, heißt »Vermittlungskrise des Glaubens«. Wie weit die Krisis gediehen ist, belegt die ungeschminkt-realistische (wenn auch etwas resignativ klingende) Feststellung des DKV-Vorstandes: »Faktisch erreicht die Kirche die Menschen nicht mehr, vielmehr begibt sie sich fortschreitend ins Getto« (vgl. KatBl 718,1989, S. 554).
Wenn dem so ist, drängt sich die Frage auf, warum in dieser Situation nichts Entscheidendes geschieht, um nicht restlos im Getto zu enden. Was stimmt hier nicht? Wo wird etwas falsch gemacht?
Drei Antwortmöglichkeiten bieten sich an:
a) Der Sprecher (die Kirche) redet undeutlich, versteht sich nicht richtig auszudrücken, seine Sprechweise ist nicht zum Zuhören geeignet, oder er spricht, obwohl er nicht gefragt wurde.
b) Die Hörer (die Menschen von heute) haben genug gehört, finden sich in dem Gesagten nicht wieder oder haben sich anderweitig entschieden.
c) Die Botschaft ist überholt und für die Menschen von heute nicht mehr von Nutzen.

Am dritten Punkt kann es wohl nach unser aller Überzeugung nicht liegen. Auch die Hörer möchte ich hier in Schutz nehmen, denn für das »Ankommen« der Botschaft ist in erster Linie der Botschafter zuständig. Also wendet sich die Klage letztlich gegen den Kläger: Die Krise wird zu einer Angelegenheit von interner Kirchenkritik oder gar von Kirchenreform.

Von dorther verstehen sich auch die fieberhaften Bemühungen um neue Sprach- und Vermittlungsformen in den letzten zwanzig Jahren: neue Katechismen, Fernsehserien, Popularisierung der Theologie, andere

Methoden und didaktische Konzepte. Der Erfolg dieser Mühen ist sicherlich unterschiedlich zu bewerten, hat aber weder die Kirchenbänke aufgefüllt, noch den besagten Marsch ins Getto stoppen können. Die Suche nach Auswegen und Lösungen geht weiter.

Dabei fiel der Blick in jüngster Zeit auf ein kirchliches Arbeitsfeld, das den gesamtgesellschaftlichen Zustand spiegelt: der schulische RU. Wenn nämlich ein großer Teil der Schüler und Schülerinnen tatsächlich wenig oder nicht religiös sozialisiert ist, ohne »Gemeindebezug und Erfahrungen im religiösen Leben« (ebd. S. 556), so müssten die Einsichten und Erkenntnisse aus diesem Bereich doch für die gesamte kirchliche Verkündigung von Bedeutung sein. »Hier entsteht eine neue Herausforderung von Kirche und Theologie; hier begegnen Kirche und Theologie wie sonst nirgends denen, die ihnen fernstehen, und erleben sich selbst als den heutigen jungen Menschen Fernstehende. So könnte Religionsunterricht zum 'Lernort' für die Kirche werden« (ebd. S. 558).

Ich möchte diese »Ortsbestimmung« noch genauer fassen. Wenn dieser Lernprozess auch aus allen Schularten und Klassenstufen gespeist werden kann, so scheint mir dennoch die Berufsschule die Situation am typischsten darzustellen.

These: Der Berufsschul-Religionsunterricht hat paradigmatischen Charakter für die gesamte kirchliche Verkündigung aufgrund seiner spezifischen Aufgabenstellung in einem weithin entkirchlichten Umfeld und der darin begründeten Ansätze einer Neuaktzentuierung der Vermittlung des christlichen Glaubens.

1. Die Jugendlichen sind eine besonders kirchen- und religionskritische Altersgruppe. Das wird bei den Berufsschülern und -schülerinnen noch dadurch verstärkt, daß sie von der Arbeits- und Berufswelt geprägt sind, wo

ihnen andere »Spielregeln« nahegebracht werden, als bisher in ihrem Leben gegolten haben mögen: Nützlichkeit, Effektivität, Leistung.
Hand in Hand damit verschieben sich die Wertvorstellungen und Lebensgewohnheiten (Konsum, Genuss, Freizeitverhalten usw.). So bildet diese Schülergruppe einen aufschlussreichen Spiegel unserer Gesellschaft.

2. Daß von zehn Schülern und Schülerinnen lediglich noch eine(r) kirchlich gebunden ist und ansatzweise eine Glaubensbiographie im herkömmlichen Sinne aufzuweisen hat, ist in den Berufsschulen heute schon vielfach die Realität. Diese Situation zwang schon frühzeitig zu anderen religionspädagogischen Fragestellungen und didaktischen Entwürfen: »Früher als in anderen Schulformen wurden an beruflichen Schulen die Erfahrungsfelder und Lebensbereiche der Schüler zum Gegenstand des Religionsunterrichts gemacht; denn so nur waren die Schüler zu erreichen« (Grundlagenplan 1980, S. 28). Das didaktische Modell der Korrelation hat hier vielleicht seinen fruchtbarsten Boden gefunden, so daß in den Unterrichtshilfen und Lehrplänen diese Methode derzeit am weitesten eingearbeitet und realisiert ist. Welche inhaltlichen wie methodischen Anleihen für die pastorale Arbeit mit den sogenannten Fernstehenden sich hier anbieten, muss an dieser Stelle wohl nicht weiter ausgeführt werden.

3. Im Zusammenhang mit dem »Fernstehen« der meisten Jugendlichen und Erwachsenen erhalten einige Gedanken von Karl Rahner, die er vor vielen Jahren zum Thema »Glaubenszugang« vorgelegt hat, ein besonderes Aussagegewicht. (Art.: Glaubenszugang, in: Sacramentum Mundi, Bd. 2, 414-420).
Für K. Rahner gilt unter der Voraussetzung des allgemeinen Heilswillens Gottes und des ständigen Angebotes der Gnade, daß jeder Mensch »im voraus zur expliziten Predigt der christlichen Botschaft ... immer potentiell

schon ein Gläubiger« (414) ist, der in der »seiner Freiheit vorgegebenen Gnade das schon besitzt, was er glauben ... soll, die unmittelbare Selbstmitteilung Gottes in Christo« (414).

Folglich ist das religionspädagogische Bemühen einer Einführung in den Glauben »ein Verstehen-lassen dessen, was im Grunde des Daseins als Gnade schon erfahren ist« (415). Sofern also Glaube (welcher Gestalt, Intensität und Bewusstheit auch immer) bei jedem Menschen vorausgesetzt werden kann, stellt die sogenannte »Glaubensvermittlung« dann eine »Entfaltung des schon gegebenen Glaubens zu seiner vollen christologischen und kirchlichen, expliziten und gesellschaftlichen (reflex bekenntnismäßigen) Gestalt« (414) dar.

Mir scheint, diese Überlegungen verdienen es, eingehend nach-gedacht zu werden, um den darin enthaltenen religionspädagogischen Konsequenzen hinreichend auf die Spur zu kommen. Es geht nicht allein um die Korrelation zwischen den religiösen Lerninhalten und den konkreten Lebenserfahrungen der Schüler und Schülerinnen), sondern um das Aufspüren, Bewusstmachen und weiter Entfalten des darin vorhandenen (auch schon christlichen!) Glaubens.

Damit verschiebt sich die Blickrichtung vom Inhalt weg zum Empfänger der Botschaft bzw. auf das dialogische Moment der Korrelation – und andererseits auf den eigentlichen »Ort« korrelativer Vermittlung: den Religionslehrer selbst. Diese Perspektive wurde bislang sicherlich zu Unrecht vernachlässigt.

Bisher am deutlichsten erfasst – wenn auch nur in ersten Ansätzen verarbeitet – sind diese Implikationen m. E. im Berufsschul-Religionsunterricht.

Dort gleicht der Religionslehrer schon heute in manchem dem Apostel Paulus bei dessen Rede auf dem Areopag: Er hatte einen Altar für einen unbekannten Gott entdeckt, dem die Athener huldigten. Genau diese sich vage gebende Religiosität greift Paulus auf. »Diesen Gott, den ihr verehrt, ohne ihn zu kennen, will ich euch jetzt bekanntmachen ... « (Apg 17,23ff). Paulus scheint überhaupt ein guter Religionspädagoge gewesen zu sein, denn er weiß sehr wohl um den existentiell-heilsgeschichtlichen Kontext seiner Mission, wie ihn später Karl Rahner nochmals auf den Punkt gebracht hat. Für Paulus gilt nämlich: »Wenn ich mit Menschen zu tun habe, deren Glaube noch schwach ist, werde ich wie sie, um sie zu gewinnen« (1 Kor 9,22).

Das bedeutet eben, so weit wie möglich den Blickwinkel des Hörers einzunehmen, sich in dessen Leben und Glauben einzuhören, mit ihm zusammen den (vollgestaltigen) Glauben zu entdecken, ihn neu zu lernen. Dabei wird jedoch nicht so ausdrücklich und stets vom Glauben zu sprechen sein, sondern vom Leben, das beiden Seiten als erstes gemeinsam ist.

Erschienen in: unterwegs (Mitglieder-Zeitschrift des Deutschen Katecheten Vereins) 1/1990 (gekürzt)

6. Religion: zwecklos!

Wozu überhaupt Religionsunterricht in der Berufsschule? Schließlich sollen die jungen Leute dort für ihren Beruf vorbereitet werden, da reichen die berufsspezifischen Fächer allemal. Zudem ist Religion sowieso Privatsache, und wer sich dafür interessiert, kann sich andernorts hinreichend darüber informieren. Religion – und auch manch anderes Nebenfach – hat in der Berufsschule faktisch nichts zu suchen, denn hier gelten andere Ziele und Inhalte!

So oder ähnlich ist es nicht selten zu hören. Schon seit langem schlägt dem Berufsschul-Religionsunterricht (BRU) ein derart schneidend-kalter Gegenwind aus Parolen und Stimmungen wirkungsvoll entgegen. Die im Namen der Effektivität beruflicher Bildung vielleicht sogar wohlmeinenden Schlagworte gegen solch nutzlosen Unterricht greifen jedoch pädagogisch als auch bildungstheoretisch nicht nur zu kurz, sie sind in der Sache sogar kontraproduktiv. Dazu in gebotener Kürze ein paar argumentative Anmerkungen.

Die Aufgabe der Berufsschule

Die Berufsschule (BS) hat einen Bildungs-, aber keinen Ausbildungsauftrag! Das kann nicht genügend betont werden. Als Partner des dualen Systems beruflicher Bildung soll die BS „die Persönlichkeitsentwicklung der Lernenden“ unterstützen, die „berufliche Qualifizierung der Auszubildenden“ fördern und die „soziale Verantwortung der jungen Generation“ entwickeln. So formuliert es zukunftsweisend das Grundlagenpapier über „Die Berufsschule“ des HKM von 1995! Neben dem *fachorientierten Grundwissen* steht also (eigentlich auf gleicher Höhe!) eine *handlungs-orientiertes Lebenswissen* auf dem Plan. Das verlangt ein ausgewogenes Maß an allgemeinbildendem Unterricht. Nicht die (mehr von außen diktierten)

Spezialisierungen angesichts der Wandlungen in der Arbeitswelt verleihen der BS Profil und Eigenwert, sondern eine profunde berufsfeldbezogene Grund-bildung, die dann berufsspezifisch universell nutzbar ist.

Dieser Auftragslage widerspricht jedoch eine verbreitete Geringschätzung der allgemeinbildenden Fächer in der BS als auch die „folgerichtige“ aber inakzeptable Ausfallquote dieses Unterrichts! Besonders auffällig trifft das den BRU.

Zahlen, die für sich selber sprechen....

(Quelle: Hessisches Kultusministerium)

Religionsunterricht (Stunden) an hessischen Berufsschulen 2000/2001				
	Teilzeit		**Vollzeit**	
	katholisch	**evangelisch**	**katholisch**	**evangelisch**
Soll	2079	3596	1541	2156
Ist	950	994	1198	1713
Ausfallquote	54,3 %	72,4 %	22,3 %	20,5 %

....aber wer regt sich noch darüber auf?!

Religion überhaupt

Die Tatsache des Religionsunterrichtes ist nicht, wie manche meinen, ein antiquiertes Privileg der christlichen Kirchen, sondern ergibt sich aus den geschichtlichen Wurzeln unserer Kultur und unseres Bildungssystems sowie aus dem Staatsverständnis unserer Verfassung. Da der Staat sich weltanschauliche Neutralität auferlegt, eine Kultur bzw. ein Gesellschaft jedoch immer schon von bestimmten Denktraditionen (über Mensch, Welt und Werte) geprägt ist, geschieht die Vermittlung solcher Traditionsinhalte im Rahmen einer Delegation an die Träger solcher Traditionen.

„Die Schulen im Lande Hessen erfüllen....ihren Bildungsauftrag, der auf humanistischer und christlicher Tradition beruht“ (Hess. Schulgesetz § 2, Abs. 1). „Die Schulen sollen die Schülerinnen und Schüler befähigen, ... die christlichen und humanistischen Traditionen zu erfahren, nach ethischen Grundsätzen zu handeln und religiöse und kulturelle Werte zu achten" (ebd., Abs. 2).

Damit verstärkt sich nicht nur der Ruf nach breiter Allgemeinbildung, es zeigt sich auch gerade für die BS, dass ein verengtes Bildungsverständnis den schulischen Auftrag verfehlt.

Wenn Bildung „die Belehrung und authentische Erfahrung ermöglichende Selbstfindung und –bestimmung gegenüber dem Systemcharakter der Gesellschaft" sein soll (Hartmut von Hentig), dann wird klar, dass auch die BS nicht einfach nur der Erfüllungsgehilfe arbeitsweltlicher Forderungen und Erwartungen sein darf.

Das eigentliche Anliegen von Bildung beinhaltet also einerseits den stetigen Widerstand gegenüber gesellschaftlicher, politischer, wirtschaftlicher oder sonstiger Vereinnahmung und Verzweckung, andererseits die Förderung einer umfassenden Lebensführungskompetenz. Gerade die weitreichende Verzweckung der BS verhindert faktisch das Erreichen dieses Zieles.

Denn diese Lebensführungskompetenz, also eine „Aufklärung" im besten kantischen Sinne als Grundlage einer autonomen Lebensgestaltung, verlangt deshalb geradezu nach einem uneingeschränkten Blick auf die Wirklichkeit, in der wir uns alle befinden und uns irgendwie „eingerichtet" haben.

Was also lässt das Leben gelingen? Wovon leben wir wirklich? Was zählt? Worin liegt der Sinn?

Die Antwort darauf scheint fast verloren gegangen: Es ist das Nutzlose, das Zwecklose, das, was seinen Wert und Sinn in sich selber trägt! Dazu gehört die Elemente des Zwischenmenschlichen: Freundschaft, Liebe, Treue, Vertrauen. Ebenso sind die Kunst und die Religion hier beheimatet. Immer, wenn bei diesen „Dingen des Lebens" ein Zweck oder Nutzen die Oberhand gewinnt, ist deren Kern schon zerstört. Nur wenn das Gemeinte dich ohne diesen egoistischen Würgegriff entfalten darf, ergeben sich Erfahrungen von Glück und Sinn.

So verstanden ist Religion „nutzlos“ – eben nicht weniger als die Liebe. Aber gerade das ist das Wichtigste, was man von ihr sagen kann. Wo sie der Versuchung eines Zweckes erliegt, wird sie zur Ideologie. Von solchem Missbrauch gibt es genügend Beispiele bis in unsere Tage. Derartigen Abwegen kritisch zu begegnen und umgekehrt dieses „Webmuster“ menschlicher Existenz nachhaltig weiter zu reichen ist „Bildung“! Der Mensch, so die Bibel, lebt eben nicht nur vom Brot allein. -

Ähnlich betonten vor Jahrzehnten auch Adorno und Horkheimer, dass eine „instrumentelle Vernunft“, die sich exklusiv an der Zweck-Mittel-Relation orientiert und auf technische Verfügbarkeit usw. ausgerichtet sei, letztlich zur totalen Herrschaft und zur Barbarei führe.

„Reli“ in der Berufsschule

Mancher, dem das Fach ein Dorn im Auge ist, verbindet Religion offenbar noch mit wenig motivierenden Erinnerungen und Erfahrungen aus eigenen Schülertagen. Doch die Zeiten, wo den Schülern fast diktatorisch biblische Geschichte und trockene Katechismussätze „auf´s Auge gedrückt“ wurden sind lange vorbei. Erst recht in der BS. Die heutigen Religionslehrer/innen verstehen ihre Arbeit als Hilfe zur Identitätsfindung der Jugendlichen. Der Unterricht ist sowohl schülerorientiert als auch berufsfeldbezogen, bemüht sich um Aktualität und die Ganzheitlichkeit des Menschen. Und dies alles in einem zunehmend multikulturellen Kontext, der vitaler als früher die Frage nach dem Fremden, nach der anderen Kultur und Religion, nach allgemeingültigen Werten und tragfähigen Lebensmodellen hervorbringt.

Insbesondere für Berufsschüler liegt es nahe, nach der Bedeutung von Arbeit zu fragen und sie in einen plausiblen Deutungsrahmen des Menschseins und der Welt einzubetten. Die Perspektive des christlichen Glaubens ist hierbei ehrliches Bekenntnis und diskutable Positionsbestimmung in einem. Nicht mehr und nicht weniger. Wo sonst als im Religionsunterricht wird so exklusiv über das diskutiert, was „die Welt im Innersten zusammenhält"? Wo sonst bekommen die existentiellen Fragen und Anliegen der Schülerinnen und Schüler einen solch breiten Raum? Wo sonst können sie ihre persönlichen Erfahrungen und Ansichten in den Mittelpunkt stellen und sich mit anderen über „Gott und die Welt" austauschen, um eigene Standpunkte zu erproben und zu festigen? Wo sonst geht es ums Ganze, statt nur um das Naheliegende, Nützliche und Erwartete?

Die BS sollte keine „Fachidioten" entlassen, sondern Heranwachsende, die mit sich und dem Leben etwas anzufangen wissen. Diese Befähigung basiert eben auf mehr als der fachlichen Qualifikation.

Erschienen in: Berufsschul-Insider (GEW Hessen) Heft 4/2002, S. 8-9 (gekürzt)

7. Religionslehrer/in sein - Ein unmöglicher Job?

Ein **unmöglicher Job** - wer empfindet das eigentlich so?
Wer redet denn so über die Religionslehrer und den Religionsunterricht - teils ernsthaft, teils humorvoll, teils nachsichtig oder fast bemitleidend?

Manchmal sind das meine **Kollegen in der Schule**.
Da bin ich gelegentlich von einem Schwarm von selbsternannten Humanisten oder gar Atheisten umgeben, die mich als Person und Lehrer zwar respektieren, aber von meinem Fach nicht allzu viel halten.
Halbernst fällt dann schon mal ein Stichwort wie "Wanderprediger" oder „Himmelskomiker".
(Als Physiklehrer, Mathematiker oder Wirtschaftler hat man es im Unterricht ja schließlich mit klaren Sachverhalten zu tun, mit anerkanntem Wissens-Stoff, den die Schüler auch weithin akzeptieren.)
Nur mit „Reli" ist das eine ziemlich dubiose Sache. Religion ist doch schließlich Ansichts-Sache. Und da darf ja jeder wie er will.
Und weil das doch offenbar Privatsache ist, habe dieses Fach in der öffentlichen Schule eigentlich gar nichts verloren. Und in der Berufsschule sowieso nicht: Da gehe es um die berufliche Qualifizierung, um Betriebswirtschaft, EDV-Kenntnisse, Fertigkeiten an der Drehbank und andere wirklich nützliche Kenntnisse ...
Beten könne man ja auch daheim oder in der Kirche ... usw. usw. -

Die Betriebe unserer Auszubildenden sehen das oft ähnlich: Religion in der Schule ist nutzlos und überflüssig. Die Jugendlichen sollen dort etwas Anständiges lernen - womit man was anfangen kann! Und viele Schüler stoßen ja ins gleiche Horn.

Da kann einem dann schon Hören und Sehen vergehen. Wirklich ein unmöglicher Job.

Ja, und überhaupt **die Schüler** ... !
Also die, die ich kenne, sind größtenteils religiöse Analphabeten. Firmung oder Konfirmation hat die Mehrheit ja noch mitgemacht - wegen lockender Geschenke. Von Glaube, Bibel und erst recht der Kirche halten sie nicht viel, oder distanzieren sich selbstbewusst.
Das sei doch alles ziemlich unglaubwürdig, widersprüchlich oder unverständlich. Wie könne einer heutzutage noch an Adam und Eva glauben, wo das doch mit der Evolution und dem Urknall längst wissenschaftlich geklärt sei.

Und was solle man schon mit so komischen Geschichten, dass Jesus (!) da irgendwo das Meer geteilt habe, dass seine Mutter ohne Sex schwanger geworden sei oder dass Gott auf einem Berg Steintafeln mit den 10 Geboten beschrieben habe ... usw. usw.
Wie man als wissenschaftlich aufgeklärter Mensch an so antiquierte Sachen noch glauben könne, bleibt ihnen ein echtes Mysterium.
Außerdem: glaubhaft sei letztlich nur, was man sehen und anfassen kann. Und mit dem Tod sei sowieso alles aus. Jenseits des Friedhofs gebe es nun mal nichts mehr!
Man solle doch bitte realistisch bleiben ...

Und diesen "religiös unmusikalischen" Sprösslingen soll ich nun etwas von der "guten Nachricht" erzählen, dass Gott die Menschen liebe, dass Jesus für unsere Sünden gestorben sei, dass die Kirche ein Heilszeichen sei, man in den Sakramenten Gott begegnen könne usw. usw.

Da kann man sich schon mal die Haare raufen - wenn noch genügend davon vorhanden sind. Wirklich ein unmöglicher Job!

Und diesen Job vollbringe ich zudem ganz offiziell und bewusst **im Auftrag der Kirche!**
Da drängeln sich dann weitere Fragezeichen in meinem Kopf:
Wie "kirchlich" soll – kann – darf – das eigentlich sein, was ich den Schülern vortrage?
Bin ich mehr dem Lehramt und der Tradition verpflichtet - oder meinen Schülern, die vielfach keinen Bezug mehr zur Kirche haben und in ihrer Kritik an der Erscheinung der Kirche nicht gerade zimperlich sind.
Wenn der Papst mal wieder gegen die Kondome wettert, Holocaustleugner in die Kirche zurückholt oder auch einem Diktator freundlich die Hand schüttelt. Oder wenn mal wieder ein priesterlicher Kindesmissbrauch Schlagzeilen macht usw. usw.
Da ist es nicht immer leicht, sich als Vertreter dieser Institution vor die jungen Leute zu stellen, wenn ständig negative Nachrichten mir die guten pädagogischen Absichten verhageln.

Natürlich kann **ich für mich** ein paar Unterscheidungen machen. Aber in den Schülerköpfen die nötigen Differenzierungen zu erreichen kommt mir dann vor wie Don Quichottes Kampf mit den Windmühlen.
Wie komme ich trotzdem immer wieder zum Wesentlichen?
Ja, und was ist am Ende das eigentlich Christliche?
Wenn ich das für mich versuche zu buchstabieren, bin ich mir nicht mehr so sicher, dass mein Bischof das auch so sieht! - Wie weit darf hier eine Differenz gehen?

Was erwartet man also kirchlicherseits von mir?

Was darf die Kirche - angesichts gesellschaftlicher und schulischer Gegebenheiten - von einem Religionslehrer, einer Religionslehrerin konkret und realitätsnah erwarten? -- Und was darf ich von meiner Kirche erwarten?
Welche Erwartungen bin ich bereit zu akzeptieren und zu erfüllen?
Was erwarte ich selber von mir und meinem Unterricht?
Was erwarten die Schüler, die Schule, die Eltern?
Wie "fromm" darf oder muss eine Lehrkraft für Religion demnach sein - gerade in der Berufsschule?

Fragen über Fragen, auf die ich nicht gleich eine formelhafte Antwort bereit habe. Manches davon kann ich mit meinen Kollegen klären, manches lässt sich nüchtern sachlich klären, manches verlangt eine Menge an Zeit, Nachdenken und Erfahrung.
Und manches lasse ich auch einfach mal beiseite - oder nehme es mit Humor, denn in meiner "Firma", der Kirche, menschelt es doch allzu sehr. Und schließlich soll aus der Sache des Glaubens – und auch aus dem RU – kein belastender Krampf werden...
Aber mal ganz ernsthaft und sachlich:
Was wir da tun - oder wenigstens versuchen – ist in mehrfacher Hinsicht "unmöglich":

Wir versuchen als Lehrkräfte Schülern etwas beizubringen.
Das ist als Bemühen schon ziemlich zweifelhaft. Was heißt da beibringen, unterrichten, lehren? Die neue Lernforschung und Didaktik sagt da ganz ernüchternd: Bildet euch nicht ein, ihr könntet den Schülern etwas beibringen. Jedenfalls nicht im Sinne des Umfüllens von Wissen aus einem Kopf in einen anderen.
Wir haben inzwischen verstanden - aus Psychologie und Philosophie - dass jeder Lernende sich das Entscheidende bestenfalls *selber* aneignet. Und

zwar nach je eigenem Maß und auf eigene Art. (Das wusste übrigens auch schon Kirchenvater Thomas von Aquin im 13. Jahrhundert!).
Mit der Objektivität des Lehrens und Lernens ist es also nicht weit hin. Jeder Mensch sieht nicht nur die Welt auf seine Weise, jeder *konstruiert* seine Welt im eigenen Kopf auch höchst kreativ mit. Das ist die Einsicht des sogenannten Konstruktivismus, der in einer gemäßigten Form auch in die Religionspädagogik Einzug gehalten hat.

Was da also wirklich "läuft" im Unterricht, ist letztlich gar nicht so einfach zu beschreiben - und auch nur in begrenztem Rahmen im Vorhinein planbar. - Das ist für die Seminarleiter in der Ausbildung natürlich schon ein "Stachel" im pädagogischen Fleisch, und die Referendare bringt das gelegentlich noch mehr an den Rand der Verzweiflung bei der Unterrichtsvorbereitung. Fazit: Es ist fraglich, ob wir unseren Schülern je etwas "beigebracht" haben. Jedenfalls im klassischen Sinne.

Was in den Köpfen unserer Schüler passiert, erfahren wir nicht wirklich. Und niemand sollte glauben, dass man bei einer Klausur die Substanz von faktisch Gelerntem dargeboten bekäme. Operationalisiertes Wissen, gewisse Faktenkenntnisse und evtl. auch Ansätze von Transfer-Leistungen.
Aber all diese Ergebnisse aufwendiger schulischer Arbeit bleiben am Ende doch recht äußerlich und formal. Was erreichen wir also mit unserer Arbeit?

Böse Zungen haben schon immer behauptet, "Bildung" sei das, was übrig bleibt, wenn man alles andere vergessen habe ...
Und für uns als Religionspädagogen gilt das vermutlich in einem verschärften Sinne. Vielleicht vermitteln wir letztlich mehr so etwas wie Ahnungen und diffuse Gesamteindrücke zur Sache. Auf jeden Fall vermitteln wir uns selbst als Botschafter und Menschen.

Womit schon ein **zweiter Punkt** berührt ist: **Wir unterrichten "Religion".**
Wenn ich einem Fremden sage, dass ich Religionslehrer bin, dann begegnet mir bei manchen Zeitgenossen ein vieldeutiger Gesichtsausdruck, der zu sagen scheint: "Sie sehen gar nicht danach aus ... !" - Wie bitte sieht denn ein typischer Religionslehrer aus? oder „Oh, das ist sicher ein schwieriges Fach ...!" - Da bin ich fast in der Versuchung, mich verstanden zu fühlen.
Oder meine projizierende Phantasie liest aus den spontanen Stirnfalten des Gegenübers etwa die Bemerkung "Ach ja, das erklärt so manches ... " - Was auch immer da angedeutet sein mag.
In der Regel bemühe ich mich dann, den gespeicherten Vorurteilen und Erwartungen *nicht* zu entsprechen.
Vielleicht bewegt sich dadurch etwas ...

Egal, welche Reaktion mir da entgegenschlägt, der eigentliche Knackpunkt ist immer die Frage, was im Kopf des Anderen vorgeht, wenn das Wort "Religion" gefallen ist. Was verbindet er damit? Welche Erfahrungen hat er gemacht, die seinen Standpunkt prägten? Welche Bedeutung hat die Sache für ihn?

Meine Erfahrung hat mich gelehrt, so gut wie nichts mehr als selbstverständlich vorauszusetzen, wenigstens wenn es um Stichworte wie Religion, Glaube, Gott usw. geht. Erst das weitere Gespräch bringt etwas Licht ins begriffliche Dunkel. Das ist bei meinen Schülern nicht anders als bei etwas erwachseneren Zeitgenossen.

Und **wir unterrichten** "Religion" - jeden Tag, als wäre das ein Gegenstand des Lehrens und des Lernens wie in den anderen Fächern des Schulprogramms. Aber auch das ist ein Irrtum.

Wir können den jungen Leuten überhaupt keine Religion **rüber**bringen, so als sei das etwas, was ihnen bislang – wenigstens in der richtigen Form und Klarheit – gefehlt habe.
Wie alle anderen Menschen haben sie schon immer irgendeine Form von Religion, meist jenseits der herkömmlichen christlich-kirchlichen Muster, die man bislang für die einzige Gestalt von Religion gehalten hatte. Weit gefehlt. Religion ist ein höchst vielfältiges Phänomen und zeigt sich evtl. mit recht fremden Gesichtern. Über die ist dann zu reden. Und da gibt's religionspädagogisch etwas zu lernen!

Und der Kern der ganzen Angelegenheit "Religion" - nämlich der Glaube - entlarvt das schulische Unternehmen endgültig als "unmöglich". Denn Glaube ist nicht lehrbar! Er ist - theologisch gesprochen - immer eine Gnade, also etwas, dass nicht von uns herstellbar ist, sondern nur empfangen werden kann. Und in einem institutionalisierten Kommunikations-Prozess mit 25 oder 30 jungen Leuten kann er folglich nicht als Zielbeschreibung dienen.

Wenn also der Begriff "Religion" - etwa mit Erich Fromm oder Paul Tillich - weit genug gefasst wird, bleibt die simple Feststellung übrig: Unsere Schüler haben Religion - und sie sind allesamt auch bereits "Gläubige"! Beides brauchen wir ihnen nicht erst beizubringen - und können es auch gar nicht! Wenn das konsequenterweise nicht möglich ist, was ist dann das Mögliche an unserem "unmöglichen" Job? Wo liegt eigentlich seine "Mitte"? Was ist seine Kontur, sein Ziel und Zweck? Was ist für unser religionspädagogisches Handeln wichtig - und was nicht?

Gehaltener Vortrag bei der Jahrestagung der katholischen Religionslehrer/innen an Berufsschulen und Landwirtschaftsschulen der Diözese Linz, Wels, April 2009 (unveröffentlicht)

8. Beruf: Gastgeber. Kleine Anmerkungen zum konfessionellen Religionsunterricht in der Berufsschule

1. Von „konfessioneller Gastfreundschaft“ ist viel die Rede. Von der speziellen Kombination aus Konfessionalität, Freundschaft und Gästen. Da stellt sich naturgemäß schon die Frage: Wessen Anliegen und Sorge ist diese Zweckkombination eigentlich? Wer sorgt sich da um die Klarheit des Bekenntnisses, um ein unverwechselbares Profil, wer hat wen freundschaftlich im Blick und wer betrachtet wen wobei als Gast?

Das ist durchaus nicht polemisch gemeint, sondern soll in der Sache etwas mehr Transparenz ermöglichen. Dies versuche ich hier auch ganz subjektiv aus der Perspektive des schulischen Praktikers, genauer: die eines (hessischen) Berufsschul-Religionslehrers. Und ich möchte gleich eingangs nicht verhehlen, mich bei dieser Thematik in einem gewissen Zwiespalt wiederzufinden. Die nochmals neu angestimmte Nachdenklichkeit zur konfessionellen Identität des Religionsunterrichtes und einer möglichen Zusammenarbeit in der Schule präsentiert sich für mich mit zwei Facetten: Einerseits ist die Debatte schon leicht angegraut, weil dieser bildungsökumenische Hürdenlauf schon seit Jahrzehnten mit auffallend wenig Fortschritten über vielleicht wohlmeinende An-Läufe nicht hinauskommt – die Dringlichkeit der Sache aber ständig neu zum Bewegen aufruft. Andererseits hinkt die Diskussion, da sie bislang weniger von den unmittelbar Betroffenen bestimmt wird, sondern mehr „von oben“ her verhandelt wird, d. h. vom kirchlichen Lehramt, bestenfalls noch von der akademischen Zunft. Die notwendige Verbreiterung bzw. Demokratisierung des Dialoges beginnt sich erst langsam Gehör zu verschaffen.[1]

So bin ich mit einem Auge sehr an einer „offiziellen“ und grundsätzlichen „Lösung“ des Problems der interkonfessionellen Kooperation in der Schule interessiert, kann mir aber gleichzeitig mit dem zweiten Auge ein „müdes Lächeln“ nicht verkneifen, denn in der Berufsschule ist man da faktisch schon weiter. Die schulische Praxis hat die kirchliche Theorie längst überholt.

2. In den hessischen Berufsschulen - und nicht nur dort - ist es mittlerweile die Regel, dass der Religionsunterricht im Klassenverband durchgeführt wird. Das bedeutet eine interkonfessionelle und interreligiöse Mischung in jeder Lerngruppe. Neben evangelischen und katholischen Schülern sitzen vor mir (formal betrachtet) auch eine Vielzahl von muslimischen, freikirchlichen und konfessionslosen Jugendlichen. Eine Trennung der Schülerschaft in konfessionelle Gruppen ist schulorganisatorisch kaum umsetzbar und ist auch pädagogisch wenig sinnvoll. Vielerorts gibt es zudem kein Angebot eines qualifizierten Ethikunterrichtes.

Fakt ist vor allem: Die allermeisten Schüler sind in einer ähnlichen Weise von jeglicher tradierten Religion und einer entsprechenden religiösen Praxis weitest entfernt. Dies gilt gerade auch für jene Jugendlichen, die standesamtlich betrachtet noch Mitglieder der beiden Großkirchen sind. So setzt sich mit wenigen Ausnahmen eine Berufsschulklasse im katholischen Religionsunterricht aus Schülern ganz verschiedener kultureller und religiöser Hintergründe zusammen. Das spiegelt realistisch unsere gesellschaftliche Situation.
Die ReligionslehrerInnen an beruflichen Schulen haben gelernt, sich auf diese schwierige Situation einzustellen und engagieren sich in der Begegnung mit Anders- und Nichtgläubigen. Oft ergibt sich dabei die Chance zur Einübung von Toleranz, Verständigung und Integration. Die Konfessionalität des Unterrichtes konkretisiert sich dabei primär in der Lehrkraft, bestenfalls noch im diesbezüglichen Lehrplan. Diese Bedingtheit tut dem religionspädagogischen Anliegen und Nutzen des Faches keinen

Abbruch. Im Gegenteil ergeben sich durch diese gastfreundliche Mischung besondere Gelegenheiten des ökumenischen und interreligiösen Lernens, die in einer konfessionell-homogenen Lerngruppe so kaum möglich wären. Wie weit deckt sich nun dieser real-existierende Berufsschul-Religionsunterricht mit den kirchlichen Vorgaben für dieses Schulfach?

3. Es entspricht weitreichend den gemeinsamen Beobachtungen der Lehrkräfte, dass die Ziele des katholischen Religionsunterrichtes, wie sie bereits 1974 von der Würzburger Synode visionär und realitätsnah beschrieben wurden, unmittelbar auf unsere Gegenwart zutreffen. Dort heißt es: *„Schulischer Religionsunterricht ist also eine dringliche und lohnende Aufgabe für die Kirche. Es ist ein Gewinn:*

- *wenn die Schüler beim Verlassen der Schule Religion und Glaube zumindest nicht für überflüssig oder gar unsinnig halten;*
- *wenn sie Religion und Glaube als mögliche Bereicherung des Menschen, als mögliche Kraft für die Entfaltung seiner Persönlichkeit, als möglichen Antrieb für die Realisierung von Freiheit begreifen.“*[2]

Wenn damals die konfessionelle Prägung des Unterrichtes natürlich vorausgesetzt war, so wurden dennoch bereits die Schüler in den Mittelpunkt gestellt. Diese Perspektive wurde dann in der Folgezeit religionspädagogisch immer deutlicher herausgestellt.

Auf evangelischer Seite beschrieb man 1994 schon in ökumenischer Offenheit, dass *„die angemessene Gestalt des konfessionellen Religionsunterrichts für die Zukunft die Form eines >konfessionell-kooperativen Religionsunterrichts<“* sei. Weiter heißt es: *„Die evangelische Kirche bejaht die bereits praktizierte evangelisch-katholische Zusammenarbeit, hält es aber für dringend erforderlich, sie inhaltlich und institutionell auszubauen.“*[3]

Dieser „Ausbau“ ist derzeit – trotz ermutigender Ansätze - immer noch eine begrenzte Baustelle.

Im katholischen „Grundlagenplan für den katholischen Religionsunterricht an Berufsschulen“ von 2002 erkennt man das Bemühen um eine Anknüpfung an die evangelische Position und zugleich das Ringen mit dem faktischen Zwiespalt.

Die Konfessionalität wird hier nochmals deutlich an ihren drei Bestimmungsgrößen festgemacht: Lehrer, Lehre und Schüler. Wenige Zeilen später werden die Definitionsgrenzen schon etwas durchlässiger: *„Konfessionalität darf dabei nicht mit Abgrenzung gleichgesetzt werden. Zum katholischen Verständnis von Konfessionalität gehört >auch eine grundlegende Öffnung zu den anderen christlichen Konfessionen und die hierfür notwendige Dialogbereitschaft<“.*[4]

Mit Blick auf die sich etwas anders gestaltende Realität räumt der Grundlagenplan jedoch ein, dass die praktische Umsetzung des Konfessionalitätsprinzips in den Berufsschulen *„oft auf organisatorische Schwierigkeiten stößt“*[5], die von Schulleitungen und kirchlichen Stellen die nötige Flexibilität fordere. Besonders betont wird aber nochmals, dass der konfessionelle Religionsunterricht in ökumenischer Offenheit *„allen Konzepten eines gemischtkonfessionellen Unterrichts vorzuziehen“* bleibe[6].

Um es sogleich nochmals zu bekräftigen: Es geht nicht um die totale Infragestellung des Prinzips der Konfessionalität, sondern um deren theologische wie religionspädagogische Definition und ihre bildungspolitische Zukunftsfähigkeit. Die Konfessionalität ist und bleibt der Schlüssel zu der erforderlichen Authentizität des Faches. Doch wie lässt sich das Prinzip der Konfessionalität angesichts einer veränderten gesellschaftlichen, religiösen und kirchlichen Landschaft überhaupt noch plausibel machen?

4. Täuschen wir uns nicht: Volkskirchliche Zeiten gehören der Vergangenheit an. Die Kirchenbänke haben sich in den letzten Jahrzehnten drastisch geleert. Das Ansehen der Institution Kirche hat schon bessere Tage gesehen. Eine breite Akzeptanz kirchlicher Positionen in der Bevölkerung ist inzwischen keine Selbstverständlichkeit mehr. Parteipolitische Lippenbekenntnisse sind keine dauerhafte Garantie für die bisherige Form des Religionsunterrichtes. Auch die kirchlicherseits beständige Zitation des Grundgesetzes (Art.7, Abs. 3) könnte sich als trügerischer Sicherheitsgurt erweisen, sofern sich eine andere juristische Lesart dieses Artikels eine politische Mehrheit sucht.
Die spürbare Entkirchlichung unserer Gesellschaft zeigt sich inzwischen gerade bei den Entscheidungsträgern in Politik und Wirtschaft. Je nach Regierungspartei bzw. Minister schwankt dann das Gewicht kirchlicher Positionen und Argumente.

Und in die Berufsschule weht der Gegenwind mit besonderer Schärfe. Nicht wenigen Ausbildungsbetrieben sind die Berufsschultage ein Dorn im Auge, da die jungen Arbeitskräfte dann nicht zur Verfügung stehen. Fächer wie Sport oder Religion gehören für sie nicht zu einer zeitgemäßen Berufsausbildung. In solchen Situationen ständig die Existenzberechtigung des Religionsunterrichtes gegenüber Betrieben, Innungen, Handwerkskammern und manchmal auch den Schulleitungen nachweisen zu müssen, ist schon eine gewohnte Begleiterscheinung dieses Faches. Da muss der „Streit“ um konfessionelle Differenzen und Gemeinsamkeiten einem Außenstehenden vermutlich schon ziemlich anachronistisch erscheinen! Und künftig dürfte die Vermittlung dieses innerkirchlichen Themas in den außerkirchlichen Raum immer schwieriger werden.
Den letzten Zweifel an der Beiläufigkeit der Konfessionsfrage im Religionsunterricht räumen mir dann die Schüler aus. Sie zeigen mehrheitlich

ganz ungeschminkt ihr Desinteresse an allen, was mit Kirche zu tun hat. Meist waren Firmung oder Konfirmation die letzten Stationen ihrer religiös-kirchlichen Laufbahn, die oft aus fragwürdiger Motivation absolviert wurden. Kirchgänger oder gemeindlich Aktive finde ich kaum vor. Sie haben deshalb auch keine Probleme damit, dass der Unterricht im Klassenverband realisiert wird.

Die Kirchenverwaltungen wissen um diese Realitäten in der Berufsschule und unterstreichen daher notgedrungen die theoretisch bekundete ökumenische Kooperationsbereitschaft. Dennoch verlangt die Situation ein deutlicheres Profil in der Sache.

5. Was spricht also dagegen, den zugestandenen „Gaststatus" der jeweils „anderen" Schüler offiziell zum akzeptierten Status quo zu erklären? Worin soll ein Problem liegen, wenn die Konfessionalität sich „nur" in Lehrkraft und Lehrplan konkretisiert? Was spricht - weitergedacht - gegen einen von den Kirchen gemeinsam verantworteten Lehrplan, der ja keineswegs die Differenzen der Traditionen einebnen soll, aber deutlicher dem gemeinsamen schulischen Bildungsauftrag gerecht würde? Was in der Berufsschule bereits praktiziert wird, kann durchaus als eine Vorreiterrolle verstanden werden.

Die Zielrichtung des Gemeinten daher in der hier gebotenen Kürze.

6. Das Authentische des Religionsunterrichtes ist dann gegeben, wenn die Lehrkraft in der jeweiligen Religion bzw. Konfession „zu Hause" ist, sich damit identifiziert und deshalb *authentisch* ein Bekenntnis vertreten kann. Ein religionskundliches Konzept auf der Basis vergleichender Religionswissenschaft (statt konfessioneller und ökumenischer Theologie und Religionspädagogik) käme über eine formal-informative Außenperspektive nicht hinaus. Damit bliebe das Authentische der Darstellung und Auseinandersetzung gerade ausgeklammert.

Das gilt auch entsprechend für den erwarteten islamischen RU. Auch hier führt kein Weg an einem konfessionellen Akzent vorbei. Einen „übergreifenden" Islamunterricht kann es bislang ebenso wenig geben wie einen „übergreifenden" christlichen RU, wenn man die gewachsene innere Pluralität einer Religion nicht mutwillig übergehen oder beschneiden will. Ein redliches Konzept kommt nicht ohne konfessionelle Elemente aus. Die vermeindliche Neutralität verfehlt zwangsläufig den Kern der Sache. Außerdem: Wie für einen „übergreifenden" Religionsunterricht die Ausbildung der Lehrkräfte sowie die Lehrpläne aussehen sollen, wenn dies allein in staatlicher Verantwortung geschieht, statt in der konfessionell-geprägten der jeweiligen Religionsgemeinschaft, bleibt ungeklärt. Die viel beschworene „weltanschauliche Neutralität" des Staates verbietet ihm jedenfalls die inhaltliche Trägerschaft.

7. Dem Ziel beruflicher Bildung – der Förderung von Fach-, Personal- und Sozialkompetenz – ist auch der Religionsunterricht zugeordnet – und geht zugleich darüber hinaus. *"Der Religionsunterricht als Fach in der beruflichen Bildung ist ein Indiz dafür, dass berufliche Bildung nicht in der bloßen Qualifizierung der Auszubildenden aufgeht, sondern sich auch auf den Kompetenzerwerb im Hinblick auf gesellschaftliche und private Handlungsfelder erstreckt. Deshalb kann er für die Zwecke beruflicher Ausbildung nicht bruchlos in Dienst genommen werden. Das verhindert auch die spezifische Inhaltlichkeit der christlichen Religion selbst."*[7]

Gerade der Religionsunterricht hält das Bewusstsein wach, dass der Mensch mehr ist als nur ein funktionierendes Rad im wirtschaftlichen Getriebe. Er thematisiert die unaufhebbare Fraglichkeit des menschlichen Lebens und stützt die Fähigkeit, in der unausweichlichen Mehrdeutigkeit des Daseins entschieden Position zu beziehen. Gerade in diesem Bemühen, jungen Menschen religiöse sowie ethische Orientierung zu vermitteln, sie in ihrem

Reifen zu fördern und zu begleiten, zeigt sich uns eine umfassende und tiefgreifende Säkularität, die es weithin unmöglich macht, auf irgendwelche kirchlich-religiösen Vorkenntnisse und Sozialisations-Erfahrungen zurückzugreifen. Umgekehrt signalisieren die Jugendlichen ihrerseits ein vitales Interesse an existentiellen Fragen, eine ungebrochene Sensibilität für moralische Probleme und ein radikales Bedürfnis nach weltanschaulichen Standpunkten und spirituellen Erlebnissen. Konsequenterweise steht daher didaktisch der Schüler im Zentrum des Unterrichtes: Sein konkretes Leben und seine realen Welterfahrungen sind der einzig angemessene hermeneutische Bezugspunkt, um in kleinen und kleinsten Schritten eine Ahnung von Lebenswirklichkeit aus der Perspektive des Reiches Gottes erschließen zu können. Und dies ebenfalls wieder in einer möglichst säkularen Sprache. Aber selbst das bleibt immer Fragment.

8. Das ist einerseits genau die Weise der Verkündigung, die Jesus in seinen Gleichnisreden beispielhaft und wirkungsvoll realisiert hat. Andererseits verweist uns das engagierte Fragen und Zweifeln der Jugendlichen wieder zurück auf den grundlegenden Frage-Horizont zur Religion, wie er in der konziliaren Erklärung „Nostra aetate“ (Nr. 1) weitsichtig formuliert wurde:
„Die Menschen erwarten von den verschiedenen Religionen Antwort auf die ungelösten Rätsel des menschlichen Daseins, die heute wie von je die Herzen der Menschen im tiefsten bewegen: Was ist der Mensch? Was ist Sinn und Ziel unseres Lebens? Was ist das Gute, was die Sünde? Woher kommt das Leid, und welchen Sinn hat es? Was ist der Weg zum wahren Glück? Was ist der Tod, das Gericht und die Vergeltung nach dem Tode? Und schließlich: Was ist jenes letzte und unsagbare Geheimnis unserer Existenz, aus dem wir kommen und wohin wir gehen?“
Diese Fragezeichen kommen den Suchbewegungen unserer Schüler sehr entgegen. Religionspädagogisch als auch pastoral ist unser Auftrag in der

Berufsschule auch in einem anderen Konzilswort gut beschrieben: *„Es geht um die Rettung der menschlichen Person, es geht um den rechten Aufbau der menschlichen Gesellschaft. Der Mensch also, der eine und ganze Mensch, mit Leib und Seele, Herz und Gewissen, Vernunft und Willen steht im Mittelpunkt unserer Ausführungen". (Gaudium et spes Nr. 3)*

Die theologische Grundlage dieses religionspädagogischen und somit bildungspastoralen Ansatzes gibt uns die Pastoralkonstitution „Gaudium et spes" an anderer Stelle eindeutig vor: *„Christus, der neue Adam, macht eben in der Offenbarung des Geheimnisses des Vaters und seiner Liebe dem Menschen den Menschen selbst voll kund und erschließt ihm seine höchste Berufung" (Nr. 22).*

9. Die faktische Unterrichtspraxis belegt eine zunehmende Differenz zwischen dem theoretisch Angestrebten und dem realistisch Erreichbaren. Wenn vermehrt jegliches religiöse Grundlagen-wissen fehlt, und auch eine religiöse Sozialisation im Rahmen von Familie und Kirchengemeinde heute fast völlig ausfällt, so ist der schulische Religionsunterricht (in der Sekundarstufe II) strukturell und lebensgeschichtlich für die meisten jungen Menschen die einzige und letzte Kontaktstelle zu Kirche und Religion. Im Kontext einer fortschreitenden Entkirchlichung unserer Gesellschaft muss dieser Umstand aber vor allem als eine Chance verstanden werden. Diese Chance zu ergreifen bedeutet dann vor allem eine grundlegende Ausrichtung an den Adressaten kirchlichen Handelns.

Wenn die Botschaft vom Reich Gottes heute noch gehört werden und ihren Sitz im Leben der jungen Menschen finden soll, so bedarf sie der Präsentation in einer entsprechend annehmbaren Gestalt. Diesen Vermittlungs-Grundsatz hat schon Paulus erkannt und befolgt: *„Wenn ich mit Menschen zu tun habe, deren Glaube noch schwach ist, werde ich wie sie, um sie zu gewinnen" (1 Kor 9,22).*

Das bedeutet in der Konsequenz eine gemeinsame (!) christliche Bildungsverantwortung der Kirchen.

10. Wenn der Religionsunterricht (nicht nur in der Berufsschule) also eine lebensdienliche Funktion haben soll, so lassen sich seine Kernaufgaben vielleicht vereinfacht mit den Vokabeln „begleiten - orientieren - informieren" umschreiben. Die Wortfolge markiert auch schon eine Rangfolge. Die genannte „anthropologische Wende", die einst in der Theologie und dann in der Religionspädagogik theoretisch vollzogen wurde, erfährt heute in der Praxis des Religions-unterrichtes ihre ernsthafte Umsetzung und Bewährung. Dahinter führt kein bildungspastoraler Weg mehr zurück.
Im Religionsunterricht geht es heute eben nicht (mehr) um das Einüben in das tradierte christliche Credo. Auch eine fortgesetzte oder erneute „Beheimatung" der Jugendlichen in ihrer jeweiligen Konfession kann religionspädagogisch nicht die Zielperspektive des Unterrichtes sein. Es geht um einen restlos diakonischen Dienst an jungen Menschen, eine Hilfe zur Identitätsfindung und einer umfassenden Lebensgestaltungskompetenz. Da spielt die konfessionelle Prägung von Lehrkraft, Lehrplan und Schüler eine nachgeordnete Rolle.

Als Religionslehrer bin ich zwar auch einladender Gastgeber im Auftrag meiner eigenen Kirche, mehr aber bin ich Einladender zum Dialog und zu einer Entdeckungsreise in die religiöse Perspektive von Welt und Menschsein. Hierin anleitender Begleiter zu sein verlangt kundiges und bewusstes Bekenntnis – also Konfessionalität im besten Sinne des Wortes.
Schließlich: Auch weiterhin findet das dialogische Geschehen im Unterricht mittels sachlicher Inhalte statt. Dennoch sind sie nicht mehr (als Vermittlung von primär dogmatischen Inhalten) die erste Orientierung für den Vollzug des Unterrichts. Das didaktische Prinzip der Korrelation von Leben und Glauben

ist heute ungleich schwieriger anzuwenden, da ihre Bezogenheit inhaltlich wie lebensgeschichtlich nicht mehr so klar zueinander zu bestimmen ist. Gerade die beim kirchlichen Lehramt zu beobachtende Tendenz hin zu einer neuen inhaltlichen Übersichtlichkeit und Klarheit in der Darstellung katholischer Lehre und Praxis führt meines Erachtens eben nicht zu einem vermehrt-interessierten Dialog mit religiös Suchenden. Der Weg führt nicht über begrifflich isolierte Inhalte, sondern über die Menschen.

Anmerkungen

1) Jüngstes Beispiel ist das engagierte Plädoyer von Gerd Laudert-Ruhm: Religion gemeinsam unterrichten. Anstoß zu einer überfälligen Reform, Düsseldorf 2009. Von akademischer Seite ist hervorzuheben die Studie von Christian Kahrs: Öffentliche Bildung privater Religion. Plädoyer für einen >Fachbereich Religion< - obligatorisch für alle, Freiburg 2009.

2) Der Sekretär der Gemeinsamen Synode der Bistümer der Bundesrepublik Deutschland (Hg.): Der Religionsunterricht in der Schule. Ein Beschluß der Gemeinsamen Synode der Bistümer in der Bundesrepublik Deutschland = Heftreihe Synodenbeschlüsse Nr.4, Bonn 1974, Nr. *2.6.5.*

3) Identität und Verständigung. Standort und Perspektiven des Religionsunterrichts in der Pluralität. Eine Denkschrift, Gütersloh 1994, 65.

4) Grundlagenplan für den katholischen Religionsunterricht an Berufsschulen, herausgegeben vom Sekretariat der Deutschen Bischofskonferenz, München 2002, 10f unter Rückgriff auf das bischöfliche Dokument „Die bildende Kraft des Religionsunterrichts. Zur Konfessionalität des katholischen Religionsunterrichts" von 1996. In diesem letztgenannten Bischofswort heißt bereits unmissverständlich: „In diesem Sinne muß jeder katholische Religionsunterricht, der sich konfessionell versteht, in ökumenischem Geist erteilt werden. Analoges gilt für das Gespräch mit dem Judentum und den nichtchristlichen Religionen" (ebd., 76).

5) Grundlagenplan, ebd., 11

6) ebd.

7) *Grundlagenplan S. 19*

In etwas anderer Fassung erschienen in: Hans Schmid / Winfried Verburg (Hg.): Gastfreundschaft - Ein Modell für den konfessionellen Religionsunterricht der Zukunft, DKV, München 2010, S. 182-188

9. „Theologie der Arbeit" im Religionsunterricht an beruflichen Schulen. Ein paar beiläufige Assoziationen

1. Das Thema „Arbeit" gehört insbesondere im Berufsschul-Religionsunterricht (BRU) zum unverzichtbaren Unterrichtsstoff, denn wo sonst kann mit jungen Menschen an der Schwelle zur Arbeitswelt so eingehend, authentisch und grundsätzlich über diesbezügliche Erfahrungen und Erwartungen reflektiert werden. Und das – personal begründet – in doppelter Perspektive: einerseits kommen die Standpunkte der Schüler bzw. jugendlichen Arbeitnehmer offen zur Sprache, andererseits bringt gleichzeitig die Lehrkraft ihr Erleben und ihre religiös-theologische Sicht in das Gespräch mit ein. Darin liegt der gemeinsame Keim des Theologischen in diesem dialogischen Prozess, denn auch die Jugendlichen sind kreativ-handelnde Subjekte einer sich hier ereignenden Theologie.
Diese Konstellation lässt nun weiterfragen: Was sind – nicht nur bei Berufsschülern - die aktuellen und prägenden Erfahrungen des Arbeitslebens? Welche Bedeutung haben diese Erfahrungen im Lebensganzen der Heranwachsenden? Und allgemeiner: Was bedeutet „Arbeit" im individuellen sowie im gesellschaftlichen Kontext? Worin liegt die „religiöse" Dimension des Arbeitens? Welche Gestalt kann eine „Theologie der Arbeit" im BRU finden? Wie kommen schließlich säkulare Erfahrung und theologische Reflexion zusammen?

2. Die Erfahrungen der Schüler und Auszubildenden mit Arbeit und Berufswelt sind naturgemäß unterschiedlich und ambivalent. Haben die einen ihren Wunschberuf ergreifen können, waren andere genötigt, situationsbedingt irgendeine Ausbildung zu beginnen, um überhaupt einen qualifizierenden Einstieg ins Arbeitsleben zu erreichen. Wieder andere

fanden aufgrund unzureichender Schulabschlüsse keinen Ausbildungsplatz und drängen in weiterführende Schulformen – mit teils begrenzter Motivation. Was sie jedoch alle erleben (müssen) ist das Ausgeliefertsein an die unbarmherzigen Spielregeln einer Leistungsgesellschaft, die den Einzelnen vorrangig nach formalen Verwertungskriterien einstuft und auf persönliche Bedingungen und Bedürfnisse wenig oder gar keine Rücksicht nimmt. Nicht wenige Jugendliche haben in ihren Familien bereits schmerzhaft die Arbeitslosigkeit eines Elternteils erlebt und damit einen Vorgeschmack davon, wie tiefgreifend das Thema Arbeit in die konkrete Lebenssituation und in das persönliche wie familiäre Wohlergehen hineinwirken. In diesen umfassenden Selektionsmechanismus zugunsten einer funktionierenden Arbeitsgesellschaft ist weithin auch die Bildungsinstitution Schule integriert. Auch sie orientiert sich zuvorderst am Kriterium der erbrachten Leistung und dokumentiert dies mit Noten – zur Kenntnis des nächsten Leistungsabnehmers, genannt Arbeitgeber. An dieser Grundstruktur ändern auch die vielfältigen schulischen Förderungsprogramme nicht viel. Auf die Frage, was einer „ist", antworten wir üblicherweise mit der Nennung der beruflichen Tätigkeit. Und wer hier schon früh – durch welche Umstände auch immer – auf die Verliererspur geraten ist, dem verbleiben gesellschaftliches Ansehen und tragfähiges Selbstwertgefühl lediglich im Fragment.
Die Schicksalhaftigkeit beruflicher Arbeit zeigt sich allerdings auch unter umgekehrtem Vorzeichen: Selbst der Tüchtige und Qualifizierte kann plötzlich „freigestellt" sein, wenn die gesamtwirtschaftliche Lage seinen Arbeitsplatz oder gar das ganze Unternehmen auslöscht. Dieses Szenario spielt sich gerade am Ende dieses Jahrzehnts vor unseren globalen Augen ab. Gerade an den jungen Menschen gehen diese Signale des Arbeitsmarktes nicht spurlos vorbei.

3. Neben dem Druck der Leistungsanforderung und der begleitenden Angst und Unsicherheit um die Dauerhaftigheit des eigenen Platzes im Erwerbsleben spüren die Heranwachsenden aber auch das „Andere“ in Sachen Arbeit, das über das Geldverdienen und Karrieremachen hinausreicht. Wenn auch nur ansatzhaft, so erkennen sie doch die fundamentale Bedeutung des Arbeitens im menschlichen Dasein. Es gibt kein Leben ohne Arbeit. Sie bedeutet neben Last und Mühe für die materielle Sicherung eben auch soziale Integration und Anerkennung und bleibt ein besonderes Medium der Selbstfindung und Selbstverwirklichung.[1]
An dieser Stelle berühren sich säkulare und religiöse Sicht der Arbeit. Denn je grundlegender das Phänomen Arbeit bedacht wird, desto umfassender wird auch der Bezugsrahmen der Deutung.
Das ahnen auch die Neulinge in der Arbeitswelt: Lebe ich nur, um zu arbeiten, ein materielles Auskommen zu haben, um Auto, Urlaub und Hobby finanzieren zu können? Sollte die Arbeit nicht noch ein „Mehr“ beinhalten, wenn sie schon den Großteil unserer Lebenszeit verzehrt? Ist die jahrzehntelange Anstrengung im Beruf einzig dazu da, später einmal eine hinlängliche Altersversorgung „verdient“ zu haben (deren Sicherheit politisch ein fragwürdiges Versprechen bleibt)?

Solches Fragen findet keine befriedigenden Antworten mehr, wenn nicht der Blick geweitet wird auf die Sinnfrage des Menschenlebens überhaupt. Nur ein Welt- und Menschenbild, das über die alltägliche Verzweckung, die Ausnutzung und den Verschleiß, über Erfolg und Scheitern in diesem Leben hinaus *denkt*, über das Erreichbare hinaus *hofft* und über das Erkennbare hinaus *glaubt*, vermag diesen Fragezeichen überhaupt eine diskutable Perspektive anzubieten.
Jedes Unterrichtsgespräch, das sich intensiv genug in das Thema hineinbohrt, mündet unweigerlich in diesen Horizont. Hier stehen dann

Optionen zur Wahl, die niemanden unberührt lassen und von der Entscheidung dispensieren. Gerade junge Menschen spüren das, da sie am Anfang eines zu gestaltenden Lebens stehen.[2]

4. Die beschleunigten Wandlungen in Wirtschaft und Gesellschaft stellen (nicht nur) die Arbeitenden vor ganz neue Herausforderungen. Galt bislang der Übergang von der produktionsorientierten Arbeit hinüber zu einer Dienstleistung als vorherrschende Bewegung, so heißt im 21. Jahrhundert das magische Zauberwort >Informationsgesellschaft<, in der die Verfügung über Information und Wissen zum Inbegriff des Arbeitsgeschehens wird. Dieser abstrakt-harmlos klingende Begriff verschleiert jedoch den hier stattfindenden Verdrängungs-Kampf um Marktanteile. Die vielfach negativen Merkmale der „modernen arbeitsteiligen Marktwirtschaft" listet Herbert Vorgrimler in aller Deutlichkeit auf: „Zerstörung menschlicher, vor allem auch familiärer Beziehungen; immer stärkere Rationalisierung und Technisierung; Verstärkung von Befehls- und Kontrollsystemen; Identitätsverlust; Massenarbeitslosigkeit; Entstehung neuer Klassen; Mitverantwortung bei ökologischen Schäden usw."[3]
Dabei sind diese Begleiterscheinungen unserer Wirtschafts- und Gesellschaftsordnung keineswegs neu. Schon vor einem halben Jahrhundert hat Erich Fromm in seiner Zeitanalyse das Problem hellsichtig auf den Punkt gebracht: „Der moderne Kapitalismus braucht Menschen, die in großer Zahl reibungslos funktionieren, die immer mehr konsumieren wollen (...). Er braucht Menschen, die sich frei und unabhängig vorkommen und meinen, für sie gebe es keine Autorität, keine Prinzipien und kein Gewissen - und die trotzdem bereit sind, sich kommandieren zu lassen, zu tun, was man von ihnen erwartet, und sich reibungslos in die Gesellschaftsmaschinerie einzufügen (...). Was kommt dabei heraus? Der moderne Mensch ist sich selbst, seinen Mitmenschen und der Natur entfremdet (...)". Er „überwindet ...

seine unbewusste Verzweiflung durch die Routine des Vergnügens (...), außerdem durch die Befriedigung, ständig neue Dinge zu kaufen und diese bald wieder gegen andere auszuwechseln (...). Unser Charakter ist darauf eingestellt, zu tauschen und Dinge in Empfang zu nehmen, zu handeln und zu konsumieren. Alles und jedes - geistige wie materielle Dinge - wird zu Objekten des Tausches und des Konsums."[4]

Lässt sich die allseitige Signatur unserer Gegenwart deutlicher – und zugleich entlarvender – darstellen?

Fromms provokante Spiegelung als Medium eines Unterrichtsgespräches wird sehr schnell den Kernpunkt des Themas aufscheinen lassen: Arbeit als Lebensfrage! Und neben dem fatalistisch klingenden Resümee „So ist die Welt nun mal!" formuliert sich gewiss auch die Suche nach realistischen Alternativen.

5. Was haben Kirche und Theologie nun anzubieten? Was kann wie im BRU ins Spiel gebracht werden? - Was der oft wenig befriedigenden Realität in Arbeitswelt und Gesellschaft entgegengehalten werden kann ist das *„utopische Potential des christlichen Glaubens"* (Sölle), nämlich dass Arbeit wesentlich Selbstausdruck des Menschen ist sowie etwas mit sozialer Beziehung und mit Versöhnung mit der Natur zu tun hat.[5] Damit gewinnt die menschliche Arbeit letztlich eine religiös-spirituelle Dimension. Das kann den Schülern aber nur in behutsamen Schritten vorgestellt werden. Texte der Bibel, der kirchlichen Tradition und speziell der katholischen Soziallehre bieten hier einen reichen Fundus. (Sie brauchen an dieser Stelle nicht ausgeführt zu werden, da dies an anderen Stellen dieses Buches bereits kompetent geschieht.)[6]

Markierungspunkte in diesem Feld werden jedenfalls sein müssen: Die positive Sicht der Arbeit, die den Menschen so hoch einschätzt, dass er in seinem Tun als kreativer Mitgestalter der Welt an die Seite Gottes gestellt wird, dass Arbeit mit Freiheit, Würde und Verantwortung verbunden ist, dass der Mensch in der Wirtschaft mehr Gewicht haben muss als Kapital und Rendite.

Hier gilt vor allem die mahnende Feststellung von Kardinal Lehmann: „Wer Jugendliche und junge Erwachsene beruflich handlungsfähig machen will, wird auch die religiösen und moralischen Voraussetzungen beruflichen Handelns thematisieren müssen. Er wird nach den Werten und Zielen des Lebens, nach Einstellung zur Arbeit und Erfolg, der Bedeutung von Versagen und Misserfolg, nach den Regeln des betrieblichen Miteinanders, nach Eigeninteresse und Solidarität, nach Arbeit und Freizeit, Beruf und Familie fragen und auf diese Fragen Antworten finden müssen. Deshalb ist der Religionsunterricht ein unverzichtbarer Teil der beruflichen Bildung.“[7]

7. Nun ist es aber theologisch wie religionspädagogisch etwas zu simpel, sich in plakativer Kapitalismuskritik auszutoben und der Schlechtigkeit der realen Verhältnisse die wohlklingende Utopie des Glaubens als erlösenden Kontrast entgegen zu stellen. Idealisierende Gegenrede tut sich immer leicht, bleibt aber eben deshalb in der Praxis wirkungslos. Antoine de Saint Exupéry weist den besseren Weg: „Willst du ein Schiff bauen, rufe nicht Männer zusammen, um Holz zu beschaffen und Werkzeuge vorzubereiten – sondern lehre sie die Sehnsucht nach dem weiten, endlosen Meer!“ Dieser (im guten Sinne) eher subversive Weg sollte auch das Kennzeichen eines angemessenen Theologisierens im Unterricht sein. Gerade jungen Menschen gegenüber sollte sich Religion nicht als scheinbar allseits besserwissende Instanz präsentieren, sondern als kritisch-kontruktive Begleiterin auf der Suche nach dem guten und sinnhaften Leben für alle. „Religion ist nicht Antwort auf die Sinnfrage; sie ist selbst die Sinnfrage. BRU vermittelt weder Antworten, noch Sinn. Er hilft, alltägliche Antworten in Lebensfragen zu übersetzen, Wünsche und Ängste zu klären und soziale Verantwortung zu erörtern.“[8]

Religion (bzw. Theologie) kann sich hier als schonungslose Wahrnehmungslehre der Wirklichkeit qualifizieren, die den Blick schärft gegenüber blendenden Machbarkeitsideologien und vernebelnden Absolutsetzungen – egal von welcher Seite. Kritische Religion, so Dietrich Zilleßen, „enteignet", in dem sie die Grundlagen aller Sicherheiten und Behauptungen in dieser Welt ungeniert in Frage stellt und dadurch erst einen fundamentalen Dienst zur Freiheit des Menschen leistet. Der BRU sollte die Schüler „befähigen, sich grundlegende Lebenspositionen anzueignen, ohne sie absolut zu setzen, eigene Verantwortung wahrzunehmen, ohne sie allgemein begründen zu können, Vertrauen auszubilden, ohne sich vom Zweifel befreien zu können, Visionen zu entwickeln, ohne die eigenen Grenzen zu verkennen. Wer wollte behaupten, diese *anthropologische* Allgemeinbildung sei keine Berufsbildung?"[9]

8. Wenn schon von der kritischen Beleuchtung und der Relativierung aller weltlichen Größen die Rede ist, darf der Kristallisationspunkt des Christlichen nicht unbenannt bleiben: der Mann aus Nazareth. Die Überlieferung erzählt, Jesus habe wohl den Handwerkerberuf seines Vaters Josef erlernt, doch sprechen die Evangelien nirgends mehr davon, dass er diesen Beruf später auch ausgeübt habe. Jesus wird eben nicht als arbeitender Mensch dargestellt.[10] Die Evangelisten schildern ihn als heimatlosen Wanderprediger, der ohne Erwerbstätigkeit umherzieht und mit seinen Freunden von wohlhabenden Gönnern mit dem Lebensnotwendigen versorgt wird. Er wird als „charismatischer Lehrer geschildert, der zur Arbeitswelt bewusst Distanz hält und das Erwerbsleben mehr als einmal verspottet."[11] Das Erfülltsein von seiner Sendung lässt offenbar keinen Platz für die Sorge um die irdischen Notwendigkeiten. In Umkehrung alttestamentlicher Haltung, wo der Faule auf den gottgefälligen Fleiß der Ameise verwiesen wird (Spr 6,6) verweist Jesus auf die Natur: „*Deswegen sage ich euch: Sorgt euch nicht um euer Leben*

und darum, dass ihr etwas zu essen habt, noch um euren Leib und darum, dass ihr etwas anzuziehen habt. Das Leben ist wichtiger als die Nahrung und der Leib wichtiger als die Kleidung. Seht auf die Raben: Sie säen nicht und ernten nicht, sie haben keinen Speicher und keine Scheune; denn Gott ernährt sie. Wie viel mehr seid ihr wert als die Vögel! (Lk 12,22ff).

Nicht Fleiß und Vorsorge liest Jesus aus der Naturbeobachtung ab, sondern das sorglos-unbekümmerte Leben. Er sieht sich „als Kind Gottes, um das sich der himmlische Vater kümmert“[12]. Zugespitzt stellt Bernhard Lang sogar fest, „scheint es Jesus am Verständnis für die Arbeitswelt und die Bedürfnisse des gewöhnlichen Menschen zu mangeln“.[13] Auch die Berufung der Jünger ist gekennzeichnet vom abrupten Bruch mit der bisherigen Erwerbsarbeit, sogar mit dem Verlassen der Familien oder dem Aufgeben des erworbenen Besitzes.

Als positives Beispiel für ein halbwegs bürgerliches Leben, für einen an beruflicher Qualifikation und materieller Zukunftssicherung sowie familiärer Verantwortung jungen Menschen unserer Tage kann Jesus nicht unmittelbar dienen. Trotzdem zeigt sein provokant anderer Lebensstil, dass Arbeit und Wohlstand keine ultimativen Werte in einem Menschenleben sein sollten. Arbeit erhält ihre eigentliche Bedeutung durch die Einbettung in einen größeren Deutungszusammenhang, christlich gesprochen: durch unsere Mitwirkung am „Reich Gottes“, einer Welt also, in der Brot an alle verteilt wird, die von friedlicher Kooperation und einem schonenden Umgang mit den natürlichen Lebensgrundlagen getragen ist. Der Glaube geht von der Erreichbarkeit dieser Utopie aus, wenn auch nicht allein aufgrund menschlicher Arbeit. Aber erst recht nicht ohne sie.

Anmerkungen

1 Vgl. dazu Karl Kardinal Lehmann: Der Mensch im Mittelpunkt des Arbeitsprozesses. Perspektiven einer Theologie der Arbeit, in: A. Biesinger / Josef Jakobi / Joachim Schmidt (Hg.): Berufliche Bildung mit religiöser Kompetenz, Tübingen 2005, 18-36

2 Ein Beispiel für Gesprächsimpulse mit Berufsschülern über ihre Arbeits- und Lebenssituation findet sich unter: http://www.reinerjungnitsch.de/html/publikationen.html (dort Nr. 5)

3 H. Vorgrimler: Neues Theologisches Wörterbuch, Freiburg 2000, 58

4 Erich Fromm, Die Kunst des Liebens, München 2000 (1956), 100-102

5 Vgl. Dorothee Sölle: Lieben und arbeiten. Eine Theologie der Schöpfung, Stuttgart 1985, 109ff

6 Für den BRU hilfreich aufbereitet z. B. in dem Unterrichtswerk „SinnVollSinn“ Bd. 2: Mensch und Welt als Gottes Schöpfung, München 2006, bes. 56ff. Wichtige Impulse enthält auch Wolfgang Dietrichs Artikel „Arbeit“ in: Norbert Mette / Folkert Rickers (Hg.), Lexikon der Religionspädagogik, Neukirchen-Vluyn 2001, 41-47

7 Siehe Anm. 1, dort 31

8 Dietrich Zilleßen: Theologie im BRU, in: Neues Handbuch Religionsunterricht an berufsbildenden Schulen, hg. von der Gesellschaft für Religionspädagogik und dem Deutschen Katechetenverein, Neukirchen-Vluyn 2005, 126-131, 126

9 ebd., 127

10 Zum Folgenden vgl. Bernhard Lang: Arbeit. B. Biblisch, in: Neues Handbuch theologischer Grundbegriffe, hg. von Peter Eicher, München 2005, Bd. 1, 67-80

11 Lang, a.a.O., 78

12 ebd.

13 ebd.

Erschienen in: A. Biesinger / J. Schmidt (Hg.): Ora et labora. Eine Theologie der Arbeit. Matthias Grünewald Verlag der Schwabenverlag AG, Ostfildern 2010, S. 201-207

10. Identitäten und Identifikationen. Kurze Erkundungen über ein Kernstück geläufiger Religionspädagogik

„Ich bin, ja, der Satz ist mir selbstverständlich. >Ich bin<, das ist mir sicher, ist der Grundstein aller Sicherheit. Aber wie ich diesen Satz in die Hand nehme – er ist wie eine Kokosnuß voll und rund -, da fühle ich, wie er schwerer und schwerer wird. Es kommt eine besondere Schwere in ihn. Mein Wissen um das Ich vertieft sich. Es beschwert sich furchtbar“ (Alfred Döblin).

Suche / 1. Akt: Was aufgeführt wird

Wer ratsuchend ein allgemeines Lexikon oder Wörterbuch zur Hand nimmt, wird beim Stichwort „Identität“ die vermutete Bedeutung bestätigt finden: gemeint ist eine völlige Übereinstimmung, eine Gleichheit von zweien, eine Wesenseinheit. Wer ein zweites oder drittes Werk um Auskunft bittet, wird gelangweilt feststellen, dass dort eine ähnliche oder gar identische Definition vorherrscht.

Wo das Nachschlagewerk etwas informativer sein möchte, lässt sich noch erfahren, dass damit in der *Mathematik* die Gleichheit zweier algebraischer Ausdrücke bezeichnet wird, die bei allen Variablenersetzungen erhalten bleibt. Die *Logik*, so ist zu lesen, meint mit Identität die Konstanz des Bedeutungsinhalts eines Begriffs. Die *Psychologie* wiederum benenne so das Erleben der Gleichheit von Umwelt und Bewusstseinsinhalten in der Zeit und zugleich das Selbst des Subjekts in seinem Lebenslauf.[1]

Der Definitionsrahmen zeigt sich also überschaubar, wenn auch inhaltlich nicht sonderlich scharf konturiert. Und was meint schließlich der lateinische Ahnenstamm unseres gängigen Fremdwortes?

Identitas (aus der Wurzel *idem*: derselbe, Selbigkeit), so finde ich endlich in einem alten kirchen-lateinischen (!) Wörterbuch, meint das „Zusammenfallen oder die Gleichheit zweier Dinge oder Begriffe, Einerleiheit“[2].

Formal kann ich mich mit dieser Richtungsangabe zufrieden geben. Doch die gesuchte Klarheit ist damit noch nicht erreicht. Es bleiben Fragen: Worauf bezieht sich die „Übereinkunft/Gleichheit", damit von einer Identität gesprochen werden darf? Kann es überhaupt eine restlose „Wesens-einheit" von zweien geben ohne dass eine unterschiedslose Einheit vorliegt? Lässt sich von Identität in gleicher Geltung reden, egal ob es sich um Objekte, Begriffsinhalte oder Menschen handelt?[3] Gibt es Identität immer nur als vollendete, hundertprozentige oder lässt das Identischsein auch Grade zu? Was bedeutet es dann, wenn insbesondere in der Religionsdidaktik von Identitäts*bildung* und Identitäts*findung* im Blick auf die Schüler gesprochen wird? Worin besteht die Identität des Religionslehrers? Was heißt dabei „konfessionelle Identität"? Lässt sich eine Identität des Religionsunterrichtes ausmachen? Wie kommt Identität zustande? Woran erkennt man gegebenenfalls ihr volles Maß?
Der Boden beginnt zu schwanken, die Fragezeichen gewinnen an „Schwere". Das lässt nach Haltegriffen und Orientierungspunkten ausschauen.

Suche / 2. Akt: Die Suche nach dem Ich

Ein wesentlicher Impuls dafür, erneut nach dem Innenleben des Identitätsbegriffs zu fragen, geht von Naturwissenschaftlern und (in weiterer Reflexion derer Erkenntnisse und Theorien) von Philosophen aus. Das gestiegene Forscherinteresse am humanen Individuum, am Phänomen des Bewusstseins und den Funktionsweisen des Gehirns provozierten die Neuauflage alter Fragestellungen: nach dem Ich, der Wahrnehmung, dem Lernen usw.
Das Überdenken des bisherigen Vorstellungen und Wahrheiten gleitet schnell hinüber ins Grundsätzliche. Die entsprechenden Konsequenzen für unser Selbst- und Wirklichkeitsverständnis sind nicht nur aktualisierende Details. Es geht ums Ganze und dessen praktische Konkretion. Und die jeweils

bestimmenden Akzente des Menschenbildes haben bekanntlich unmittelbare Auswirkungen u.a. auf die zeitgenössische Pädagogik. Gerade Religionspädagogen, denen neben dem Christlichen das Menschliche und Allzumenschliche am Herzen liegt, werden jede seismische Aktivität im Plattengefüge des Bodens, auf dem sie stehen und lehren, wachsam registrieren.

Wurden wir als Kinder der Neuzeit und schließlich der Postmoderne oft genug daran gewöhnt, die Ideen von gestern zu pensionieren, immer wieder statische Vorstellungen gegen dynamische Sichtweisen auszutauschen, so liegen aber gewiss noch nicht alle Kränkungen unseres Selbstbildes hinter uns. Die umfangreichen Renovierungsarbeiten am Menschenhaus durch Kopernikus, Kant, Darwin, Marx, Freud & Co. sind trotz ihrer designerischen Innovationskraft bislang nur teilweise zum Bildungs-Allgemeingut geronnen. Revolten und Revolutionen in Naturwissenschaft, Philosophie und Theologie (um nur die nächstliegenden Spielfelder zu nennen) bleiben offenbar an der Tagesordnung. Ein stets neu auftretendes Schwanken des Bodens unseres Gewissheiten scheint also nicht vermeidbar zu sein.

Die vielleicht letzte Bastion eines an festen „Substanzen" und klaren Konturen orientierten Denkens scheint die Personalität des Menschen zu sein, das individuelle Ich. Die meisten Zeitgenossen werden selbstbewusst – wie anfänglich Döblin – selbstbewusst verteidigen, es handele sich unzweifelhaft um eine feststehende Größe, eine unteilbare und je einmalige geistige Realität. Doch auch an diesem Stuhl wird gesägt.

Der Frankfurter Philosoph Thomas Metzinger entwirft unter Einbeziehung der Ergebnisse heutiger Bewusstseinsforschung ein etwas anderes Bild vom Ich:[4]

Dieses Ich, so sagt er, entstehe, weil das Gehirn ein Modell der äußeren Welt und ebenso der Subjektivität entwirft. Dem Selbstmodell schreibt es dann sämtliche Gedanken, Worte und Handlungen zu. Folglich ist das für autonom gehaltene Ich ein geistiges Konstrukt, ein gedankliches Modell. „Wir verwechseln uns nur mit diesem Ich. Wir glauben fälschlich, wir *seien* der Inhalt dieses Selbstmodells“[5]. Das Ich denkt nicht, es wird gedacht.

Das Gehirn (so auch der amerikanische Philosoph und Bewusstseinsforscher Daniel C. Dennett) nutzt diesen selbsttäuschenden Zaubertrick, um seine Aktivitäten zu organisieren. Es versteht, „sich selbst Geschichten zu erzählen, die uns Autonomie und Rationalität unserer Entscheidungen vorgaukeln“[6].

Wie aber lässt sich dann noch von Freiheit reden? Der Neurobiologe Franz Mechsner erinnert daran, es sei ein Mißverständnis zu glauben, Freiheit spiele sich außerhalb der Naturgesetze ab. Es bedeute keinen Widerspruch, „daß Bewußtsein ein bloßes biologisches Phänomen sein kann, trotzdem aber die Auflösung starrer Handlungsschemata in Offenheit, Flexibilität und Kreativität ermöglicht“[7]. Wenn auch Umrisse möglicher Lösungen erkennbar seien, so resümiert er, so sei das Mysterium des Bewußtseins aber keineswegs gelöst.

Das mag für den Moment beruhigen – aber wieso waren wir beunruhigt? – es erspart aber nicht die Kenntnisnahme, dass sich die landläufige Idee vom Ich ziemlich verflüssigt, noch schwerer begrifflich zu fassen ist als sie es bisher schon war.

Wer bin ich also? Warum bin ich ich? Bin ich immer ich?

Erneute Schwankungen. Bin ich schwindelfrei? Ich?

Das neue Nachdenken kreuzt gelegentlich alte Wege. Schon Platon hat sich im „Symposion“ (207c-208b) vergleichbar über unsere Identität geäußert. Gernot Böhme deutet diesen Text zusammenfassend: „Identität ist eigentlich nur für einen Gott gemacht, menschliches Dasein ist charakterisiert durch Nichtidentität“[8]. Das menschliche Leben hat für Platon nichts Identisches, Substantielles zu bieten. Die persönliche Identität des Einzelnen sei das

Ergebnis reproduktiver Erinnerungsarbeit, die wenigstens den Schein von Identität im Wissen suggeriert. Identität im Sinne von Selbstsein und Autonomie sind also schon für den Erzvater des europäischen Denkens nichts Gegebenes, sondern etwas, das „durch einen schwierigen Weg, den Platon hier Selbstsorge nennt, errungen werden muß". Dieser Weg ist „jedenfalls nicht ein Weg der einsamen Beschäftigung mit sich selbst", sondern ist wesentlich „durch den anderen vermittelt"[9].
Böhme sieht für ein heutiges Verständnis von Identität zwei zentrale Elemente: Erstens werde ein Mensch erst dann zu jemandem, der das Leben, das ihm geschieht, zu einer *Biographie* machen könne, indem er lernt, autonom und verantwortlich zu handeln.

Zweitens „ist durch die Schaffung eines Selbst, durch die Differenz vom Gebrauchenden und dem, was er gebraucht, im Menschen eine Instanz entstanden, die gerade wegen ihrer Inhaltsleere nicht dem radikalen Wandel... unterworfen ist"[10]. Genau dieses „Selbst kompetenten und autonomen Handelns" werde mit Recht vom Kind bis zum Greis als dasselbe angesprochen.
Was bleibt mir also - rückblickend auf den bisherigen Erkundungsweg?

1. Ich-Identität ist nicht Vor-gabe, sondern Auf-gabe.
2. Das Werden des Ichs ist ein steiniger Weg.
3. Es lässt sich bestenfalls als eine innere „Instanz" umschreiben, eine Art Leerstelle, um die sich wie bei der Radnabe alles dreht.
4. Die Ich-Werdung ist durch andere vermittelt. Das erinnert an Ernst Bloch: „Ich bin. Aber ich habe mich nicht. Darum werden wir erst"[11]. Auch Martin Buber behauptete schon, das Ich werde erst am Du zum Ich.
5. In naturwissenschaftlicher Perspektive zu sagen, das Ich sei eine Konstruktion des Gehirns, die dem Überleben und der Weiterentwicklung diene, ist also nicht so abwegig wie zuerst empfunden. Dennoch wäre

gegen eine im Sinne der evolutionären Erkenntnistheorie definierte Position vorzubringen, dass Bewusstsein, Erleben und Erkenntnis nicht exklusiv durch ihren evolutionären Nutzen erklärbar sind.

Unsere Sprache und Begrifflichkeit schürfen hier offenbar am Rande eines Abgrunds. Selbst-Erkenntnis hat ihre Grenzen. Aber bis dorthin muss der Weg führen und gegangen werden.

Suche / 3. Akt: Erben und Erbschaften

Platons Einsicht, das Ich sei wesentlich das Ergebnis von Begegnungen mit anderen und anderem, hat eigentlich erst wieder in unserem Jahrhundert neue Früchte getragen. Dabei wanderte der Begriff der Identität von der Philosophie hinüber zur Soziologie und zur Sozialpsychologie. Zwei markante Theorieströme bildeten sich:[12]

Einerseits das *psychoanalytische* Konzept (Freud, Erikson). Es beschreibt die Identitätsbildung als einen Prozess, der in den einzelnen Lebensphasen alle Lebensfaktoren jeweils neu in eine Ich-Synthese integriert. Die Identität gilt dabei als etwas, das im Einzelnen bereits angelegt ist.

Das andere Modell, der *Symbolische Interaktionismus* (Mead, Strauss, Goffman), betont mehr die soziale Grundlegung der Identität. Durch die zwischenmenschlichen Interaktionen finde stufenweise deren Herausbildung statt. Doch erst eine gelungene Balance zwischen personaler und sozialer Identität könne als wirkliche Ich-Identität bezeichnet werden. Der Ausdruck „Ich" repräsentiert quasi symbolisch die Einheit der Person (Habermas).

Beide Ansätze sehen die Identitätsbildung als einen gestuften Prozess, wenn auch der Identitätsbegriff im psychoanalytischen Kontext mehr normativ verstanden wird.

Gerade an dem primär entwicklungspsychologischen (und daher zu individualistischen) Modell der Identitätsstufen im Lebenszyklus von Erikson

kritisierte man deren normative Starrheit. Die sozial bedingten Krisen des Erwachsenenalters seien hierin völlig ausgeblendet: der Eintritt ins Berufsleben, Eheschließung und Übernahme der Elternrolle, die Phase der erreichten Lebensziele (midlife-crisis), Abschied von den Kindern, Ruhestand und evtl. Ehescheidung bzw. der Verlust des Partners. Das Leben erfordert demnach eine Modifikation von Selbstverständnis und Rollenver-halten.[13]
Doch eben das Gelingen dieser unumgänglichen Selbstmodifikationen ist umso schwerer, je mehr die gesellschaftlichen Substrukturen (Familie, Arbeitswelt, Schulen, Freizeit, Kirchen usw.) in ihren Zielen und Werthaltungen immer stärker auseinanderdriften. Die wachsende Unübersichtlichkeit verführt den Einzelnen eher zur Emigration in einen privatisierten, weil nur so noch gültig gestaltbaren Mikrokosmos. Die Profilschärfe des eigenen Ichs wird in einem deutlich reduzierten Radius gesucht. Und gefunden?

Eine nochmals tiefergreifende Kritik wurde inzwischen durch die Feministische Theologie erhoben. Alle gehandelten Modelle seien faktisch allein von männlichen Wissenschaftlern entworfen worden, was „offensichtlich nicht ohne Einfluß auf die Theoriebildung“ bleiben konnte.[14] Die vorherrschenden Identitäts-Konzeptionen seien eine „objektivierende Interpretation des >männlichen Subjekts<“[15].
Ein weibliches Verständnis von Identität zu formulieren gestalte sich um so mühseliger, als die kulturell bereitgestellte Sprache nun mal eine männliche sei. In Auseinandersetzung mit der „männlichen“ Identitätstheorie haben z. B. Carol Gilligan und Seyla Benhabib gerade die geschlechtliche Differenz deutlicher herausgearbeitet. „Dabei werden das Erlebnis wechselseitiger Verbundenheit sowie die Verantwortung in die Kategorie der Identität einbezogen... Durch diese >Erweiterung der Perspektive< kann ein neues

>Verständnis der menschlichen Entwicklung< und damit der menschlichen Identität gewonnen werden".[16]

Daran wird wohl kaum zweifeln, wem es um ein integrales Modell gereiften Menschseins geht. Wenn auch die psychoanalytischen und soziologischen Beiträge in Theologie und Religionspädagogik gerne aufgenommen und weitergetragen wurden, klärt das noch nicht die religiöse Dimension der Identität. Deutlicher noch: Können wir von einer spezifischen „christlichen Identität" sprechen?

Suche / 4. Akt: Glaube und Identität

Sofern also gilt, dass die Ich-Bildung das Resultat des unabschließbaren Prozesses der Begegnung und Auseinandersetzung mit Dingen, Situationen, Personen und Institutionen ist, dann heißt das: Jedes Ich bleibt letztlich ein unabgeschlossenes, unvollendetes und damit auch „unerlöstes" Gefüge. Und weil es darum geht, „ernst zu nehmen und in der Weise des Umgangs miteinander einzulösen, daß zum eigenen Selbstwerden die Anerkennung des freien Selbstwerdens und –seins des anderen konstitutiv hinzugehört"[17], offenbart sich die ständige Grenzüberschreitung (Transzendierung) des Ichs auf andere und anderes hin als eigentliches Webmuster von Identität.

Beziehung erweist sich als eine zentrale Kategorie des Lebens. Doch genau hierin durchdringen sich verwirrend die Erfahrungen von Heil und Unheil. Die Sehnsucht der Menschen nach „Ganzheit und Heilsein, ihre Hoffnung, daß das Leben nicht zerteilt, sondern eins sei, daß die erlittenen Verstümmelungen des Lebens nicht alles seien, aufbewahrt sind und ihre Konturen finden"[18], ist die entscheidende Triebfeder aller neuen Grenzübertretungen. Darin liegt die religiöse Dimension der Identitätsfindung, dass die eigene Fraglichkeit innerhalb einer fragwürdigen und widersprüchlichen Welt vernehmlich zur Sprache gebracht wird und dadurch die notwendigen Kräfte zur Veränderung entbunden werden können.

Es ist beste prophetische und jesuanische Tradition, die identitätshindernden und –verhindernden Mächte innerhalb der individuellen und gesellschaftlichen Realitäten aufzuspüren und soweit wie möglich unwirksam zu machen. „Beziehungsstörende Mächte und Vielgötterei haben heute gesellschaftliche Konjunktur. Religiöse Erziehung hat es mit dem Aufdecken und Offenlegen dieser Illusionen und der Demaskierung der sie stützenden Gottheiten zu tun, damit unter solchen Verschleierungen wieder zum Vorschein kommen kann die Wirklichkeit von Mensch und Welt."[19]

Die Glaubensperspektive sieht den Menschen vor Gott gestellt, d. h. vor eine Dimension von Wirklichkeit, die als Ermöglichungsgrund von Identität, also Leben und Freiheit betrachtet wird. Der Gottesbezug begründet letztlich die Identität, macht den Glaubenden frei – von der Verkrümmung in sich selbst sowie von allen falschen und entfremdenden Rollenzwängen. Eben weil sich die Gottesbeziehung nicht in der verlängerten Projektion erfahrener sozialer Beziehungen erschöpft, erlaubt sie diese zu kritisieren.

Dieser „eschatologische Vorbehalt" charakterisiert, so Hans-Jürgen Fraas[20], das grundlegende Kriterium eines theologisch reflektierten Identitätsverständnisses, nämlich die Spannung zwischen theologisch-transzendentaler Begründung von Identität einerseits und deren sozialem Vermitteltsein andererseits.

Das hat zur Folge, „daß sowohl einseitig psychologische wie einseitig soziologische Ableitungen von Identität einschließlich der daraus sich ergebenden Konsequenzen für Identitätsbildung (Erziehung/Sozialisation) aufgehoben werden zugunsten einer nicht ableitbaren Selbstgewißheit, die sich im Prozeß permanenten vertrauensvollen Transzendierens selbst als eine im Glauben sich empfangene weiß"[21].

Also auch unter dem Blickwinkel christlicher Existenz ist die Ich-Identität als zu leistender Balance-Akt zu bestimmen – als „Befähigung zu selbstverantworteter Standpunkthaftigkeit"[22].

Christliche Identität ist daher nie ein additives Element, das zur allgemeinen Identitätsbildung noch hinzu käme. Sie bildet vielmehr eine qualitative Prägung in diesem dialektischen Findungsprozess. Für Franz W. Niehl spielt sich diese Interaktion wesentlich zwischen Individuum und Institutionen ab, die zur Identifikation und Auseinandersetzung herausfordern.[23]
Neben der Kirchengemeinde gilt dabei heute auch der schulische Religionsunterricht als herausragender Praxis- und Lernort des Christlichen.

Diagnose: Religiosität und Identität im Fragment

So plausibel sich die Reflexionen in Sachen Identität auch anhören mögen, sie verlieren ihre lineare Klarheit spätestens beim näheren Blick auf die faktischen Umstände heutigen Erwachsen-werdens.
Vielerlei Schlagworte versuchen die Situation zu kennzeichnen: von Individualisierung ist die Rede, ebenso von der Risiko-, Erlebnis-, Wissens- und Multioptionsgesellschaft. Die veränderten gesellschaftlichen Strukturen nötigen den Einzelnen in einem nie gekannten Maße zur bewußten Rollendefinition innerhalb einer Mehrzahl von Beziehungsfeldern.
Insbesondere die Heranwachsenden qualifizieren sich facettenreich als „homo optionis". Sie inszenieren sich selbst unter Verwendung mehrerer, teils widersprüchlicher Identitäts-Bausteine, die nun mal vorrangig nach ihrem „Inszenierungswert" gewählt werden. „Das Innenleben wird mit äußeren Mitteln bearbeitet. Man geht an sich selbst heran wie ein Ingenieur an die Verbesserung eines Produktes."[24]
Diese disparaten Bastel-Identitäten verurteilen daher jeden Versuch einer aktuellen Identitäts-theorie zum Scheitern, sofern sie das Gemeinte auf einen singulären und überschaubaren Nenner bringen will. Und was für die Herausbildung des Ichs im allgemeinen gilt, trifft ebenso auf die Konstruktion einer religiösen bzw. christlichen Identität zu.

Hans-Joachim Höhn spricht hier vom Typ des „religiösen Virtuosen". Menschen dieses Typs „können das Enneagramm zur Selbsterforschung heranziehen und danach das *I Ging* bei existentiellen Entscheidungsproblemen konsultieren; sie können ein personales Gottesverständnis ablehnen und zugleich an das Böse in Person des Teufels oder an das Gute in Person eines Engels glauben. Aus der Vielfalt von Orientierungen und Aktivitäten auf doktrinaler und ritueller Ebene wählen sie das für sich aus bzw. arrangieren es neu, was ihren jeweils aktuellen psychischen und ästhetischen Dispositionen entspricht"[25].

Die Wahrheitsfrage im Sinne einer vernunftorientierten Stringenz wird bei diesen weltanschaulichen Legierungen weithin ausgeklammert. Für den individuell-religiösen „Plausibilitätshorizont" zählen primär erlebnisgesättigte Inhalte; religiöse „Objektivierungen" gelten „nur insoweit für belangvoll, wie sie gewünschte innere Wirkungen hervorrufen: Gefühle, Stimmungen, Ekstasen, Betroffenheit, Ergriffenheit etc. Ultima ratio der Beschäftigung mit Religion ist das persönliche Befinden zwischen Faszination und Langeweile"[26].

Wieweit diese reflexive Umschreibung insbesondere der schulischen Wirklichkeit des real erteilten Religionsunterrichtes entspricht, werden die Praktiker am besten beurteilen können.

Welche Bedeutung die bisherigen Erkundungen und Feststellungen m. E. für den (B)RU haben, möchte ich in ein paar thesenartigen Bemerkungen kurz umreißen. Sie sind aber weniger ein Abschluss als mehr eine Einladung zur Diskussion.

Endgültiger Zwischenschnitt: Resümee im Fragment

1. Von „Identität" zu sprechen heißt von der begrifflich schwer fassbaren, sich offenbar prozesshaft und plural gestaltenden Form menschlicher Personalität reden. Als Folge dialektischer Vermittlung bleibt sie immer fragmentarisch

und unabgeschlossen. Kein Mensch kann als (für sich und andere) völlig transparent und selbstmächtig gelten. Faktisch verfügt jeder über mehrere Identitäten.

2. In der aktuellen Bildungstradition wirkt immer noch das Menschenbild der Aufklärung nach. Dieses Bildungsideal sieht den Menschen als ein autonomes, vernunftgeleitetes und mit sich selbst identisches Subjekt.
Sofern jedoch realitätskonform von einer „multiplen Identität“ jedes Einzelnen gesprochen werden muss, kann eine Identitätsbildung im bisherigen Sinne nicht mehr primäres Ziel des RU sein. Entlarvten sich die in der Pädagogik wirksamen Identitätskonzepte inzwischen mehr als normative und funktional gebrauchte Theorien von Erwachsenen gegenüber einer postmodernen Jugend, so haben sie ihren pädagogischen Orientierungswert im Zeitalter der „Patchwork-Identitäten“ endgültig eingebüßt.[27]

3. Eine negative Einschätzung der beobachteten Bastelmentalität nimmt deren existentielle Dynamik nicht ernst. Denn auch dieses Basteln am Ich muss als Arbeit begriffen werden, die ja prinzipiell nicht an ein wirkliches Ende kommt. Der Akt subjektiver Aneignung ist ein produktiver Vorgang, ohne den Identitätsbildung nicht vollziehbar ist.
Dies gilt erst recht für eine religiöse Identität, denn schon die etymologische Wurzel von „religio“ hebt den Wahlcharakter und die Ausrichtung an grundlegenden Bedürfnissen hervor: *relegere* = sich immer wieder hinwenden, auf etwas Besonderes achten; *religari* = sich binden, gebunden sein; *reeligere* = erneut wählen.
Woran binden wir uns? Wovon lassen wir uns binden? Welchen Versprechen geben wir Gewicht?

4. Der „Zwang zur Subjektivität“ zeigt sich doppelgesichtig. Er legt zugleich die sogenannte „Krise neuzeitlicher Subjektivität“ offen: Wenn der Einzelne zum Ausgangs- und Angelpunkt aller Identitäts- und Sinngebung wird, führt dies notgedrungen in eine Aporie zwischen Allmachtswahn und Ohnmachtsgefühl.[28]

5. Statt der Fixierung auf die Identität der Heranwachsenden sollte dem RU daran gelegen sein, die Jugendlichen „zu befähigen, sich in der Welt unabhängig von herrschenden Denkmustern und Sprachspielen orientieren und verständigen zu können“[29].
Allgemeine Zielbestimmung und Bildungsverständnis des RU ist eine „Lebensführungskompetenz“ im Kontext postmoderner Pluralität. Michael Meyer-Blanck spricht hier – speziell im Hinblick auf den BRU – genauer von einer „Differenz- und Übergangskompetenz“. Denn gerade eine multiple Identität verlange sowohl die Wahrnehmung von Übergängen und Differenzen, als auch „sich von sich selbst unterscheiden zu können“[30]. Anzustreben sei die Fähigkeit, andere Menschen (Mitarbeiter, Kunden, Vorgesetzte usw.) ihrerseits in deren Sinn- und Wertorientierungen zu verstehen. Es geht darin nicht zuletzt um den Respekt (Meyer-Blanck benennt es sogar „Ehrfurcht“) vor der Religion der Anderen als Voraussetzung eines gelingenden Miteinanders.

6. Programmatisches Anliegen des RU ist also die Schärfung der Wahrnehmungs- und Deutungskompetenz bezüglich der Mitwelt und der eigenen Existenz. Sein wirklichkeits-erschließendes und lebensdienliches Potential erweist er z. B. in der Thematisierung des konstitutiven Wahlzwangs: Ist die Anforderung unumgänglich, dass ich mich als Individuum dauernd selbst rechtfertigen muss? Wie könnte ich mich unter der Perspektive verstehen, dass ich mich nicht mir selbst verdanke?[31]

Dem Paradigma der totalen Selbstkonstruktion steht das biblische Modell der Personenwürde im Kontext verantworteter Beziehungen zu Gott und aller geschöpflichen Mitwelt gegenüber. Daraus entfaltet der RU seinen kritisch-konstruktiven Beitrag innerhalb der „Krise der Moderne".
Der Glaube stärkt den „Mut, Unsicherheiten auszuhalten" (Peter L. Berger), statt sich im Relativen absolut absichern zu wollen.

7. Die Absicht des RU ist nicht der Glaube; dieser ist bestenfalls in seinen formalen Gestaltungen lehr- und lernbar, nicht jedoch als unmittelbares Ergriffensein vom An-spruch des Unbedingten. Das Angebot des RU ist ein perspektivisches: Was es für die Selbst- und Weltwahrnehmung bedeuten kann, wenn das „Gottesgerücht" (Paul M. Zulehner) zutrifft.
In der umfassenden und systematischen Entfaltung dieser „hypothetischen Deutungsperspektive" liegt sein diagnostisches und korrektives Potential, das sich auf elementare menschliche Sehnsüchte und Erfahrungen bezieht (Korrelation).
Der RU gewinnt sein Profil durch den kritischen Blick auf die gesellschaftlich real vermittelte Religion. Dies beinhaltet eine kritische Haltung nach allen Seiten, d. h. gegenüber Einseitigkeiten, Ideologisierungen und Fehlformen kirchlich vermittelter Religiosität sowie gegenüber allen pseudo-religiösen und säkularen Lebenspraktiken und Weltdeutungen.

Für den BRU bedeutet das u.a. die je neue Suche nach einer auch berufsfeldbezogenen religiösen Bildung, die sich z. B. nicht in einer kontraproduktiven Gesellschafts- oder Kapitalismuskritik erschöpfen darf. Die anvisierte Lebensführungskompetenz gestaltet sich am Arbeitsplatz als Fähigkeit, auf die Sinn- und Werthaltungen anderer Menschen eingehen zu können. Das setzt die Arbeit an der eigenen Einstellung voraus, macht sie aber nicht zum (unterrichtlichen) Ziel.

8. Der Glaube ist zwar nicht Ziel, aber Ausgangspunkt des RU. Der Glaube bildet. In diesem Ausgangspunkt ist er eben nicht universalistisch ausgelegt, sondern konkret einer empirischen Glaubenstradition zugeordnet. Das ist seine konfessorische Prägung und Identität, die jedoch nicht zu einer konfessionellen Engführung funktionalisiert werden darf.
Die Konfessionalität des RU wird auch dann vollgültig gewahrt, wenn sie sich ausschließlich an der lehrenden Person festmacht, da sich in ihr (in Verbindung mit dem kirchlich mitverantworteten Lehrplan) die bestimmte konfessionelle Glaubenstradition konkretisiert.

9. Da Wertungen menschlich unumgänglich sind, also zur subjektiven Identität konstitutiv dazugehören, kann RU nicht aus einer vermeintlich wertneutralen Perspektive realisiert werden. Hermeneutisch kann es einen quasi wertfreien, objektiven Standpunkt „außerhalb", der nur neutral informieren will, nicht geben. Ein konkreter Standpunkt und ein inhaltlich orientiertes Bekenntnis ist faktisch nicht zu umgehen, bestenfalls zu verschleiern.

Verfehlt ist zur Legitimierung des RU jedoch auch ein übertriebenes Schielen auf die formal-juristische Absicherung dieses Unterrichtsfaches in der Verfassung. Die legitime Berufung auf Art. 7, 3 GG bedarf zu ihrer Plausibilität des bildungstheoretischen Diskurses.
Ein RU, der sich nicht den zeitgeschichtlichen Herausforderungen aussetzt, um darin je neu seine schulpädagogische und bildungstheoretische Identität zu finden, suspendiert sich selbst von der Möglichkeit – theologisch gesprochen – den „allgemeinen Heilswillen Gottes" (Titus 2,11; 1 Petrus 3,15) situationsgemäß vertreten zu können.[32]

10. Die konfessionelle Identität der Religionslehrer/innen besteht in der größtmöglichen Identifikation mit der Glaubenslehre der je eigenen Tradition, der „Sache Gottes", jedoch nicht in einer Totalidentifikation mit der verfassten Kirche.[33]

Anmerkungen:

Das vorangestellte Döblin-Zitat ist entnommen: Hans-Ludwig Freese (Hg.) Gedankenreisen. Philosophische Texte für Jugendliche und Neugierige, rororo Sachbuch 8754, Reinbek 1990, 147.

1) Vgl. das Stichwort „Identität" in der Microsoft-Enzyklopädie Encarta 97.

2) A. Sleumer, Kirchenlateinisches Wörterbuch, Limburg 1926, 401

3) Selbst bei geklonten Tieren (und erst recht bei derart „kopierten" Menschen) liegt zwar ein deckungsgleicher Fundus der Gene vor, doch daran die jeweilige Identität festzumachen hieße einem platten biologischen Reduktionismus folgen.

4) Zum folgenden vor allem Franz Mechsner, Die Suche nach dem Ich, in: GEO Nr. 2/1998, 62-80. Weiterhin den gleichlautenden Beitrag im SPIEGEL Nr. 16/1996, 190-202. Ebenso die Replik von Thomas Metzinger auf das Buch von Dietrich Dörner (Bauplan für eine Seele, Reinbek 1999) in: DIE ZEIT Nr. 4 vom 21.01.1999, 31. Zum Kontext der Diskussion: Hans-Peter Dürr u.a. Gott, der Mensch und die Wissenschaft, Augsburg 1997; Albert Biesinger/Hans-Bernd Strack, Gott, der Urknall und das Leben, München 1996; Reinhard Löw, Die neuen Gottesbeweise, Augsburg 1997; Heidi Bohnet-von der Thüsen (Hg.), Denkanstöße `99, SP 2656, München 1998, bes. 11-19 und 155-165; GEO Nr. 1/1999: Wer erklärt uns die Welt? Mystik und Wissenschaft kommen sich näher, 128-155; Rainer Koltermann (Hg.), Universum – Mensch – Gott, Graz/Wien/Köln 1997.

5) So Metzinger in: Mechsner, 78

6) Ebd., 80

7) Ebd., 80

8) Gernot Böhme, Art. „Identität" in: Christoph Wulf (Hg.), Vom Menschen. Handbuch Historische Anthropologie, Weinheim/Basel 1997, 686-697, 687.

9) Ebd., 689

10) Ebd., 690

11) Ernst Bloch, Tübinger Einleitung in die Philosophie, stw 253, Frankfurt/M. 1970, 13

12) Zum folgenden vgl. Norbert Mette, Art., „Identität" in: Volker Drehsen u.a. (Hg.), Wörterbuch des Christentums, Gütersloh/Zürich 1988, 503f.

13) Vgl. Franz W. Niehl, Art., „Identität" in: Handbuch religionspädagogischer Grundbegriffe Bd. 1, München 1986, 100-105, 101.

14) Brigitte Weisshaupt, Identität/Ich-Identität, in: Elisabeth Gössmann u.a. (Hg.), Wörterbuch der Feministischen Theologie, Gütersloh 1991, 194-199, 195.

15) Ebd., 197

16) Ebd., 199

17) Norbert Mette, Religionspädagogik, Düsseldorf 1994, 173f.

18) Ebd., 172

19) Wolfgang G. Esser, Gott reift in uns. Lebensphasen und religiöse Entwicklung, München 1991, 19f.

20) Hans-Jürgen Fraas, Glaube und Identität. Grundlegung einer Didaktik religiöser Lernprozesse, Göttingen 1983, 58.

21) Ebd., 58f

22) Ebd., 63

23) Vgl. F. W. Niehl (Anm. 13), 105

24) Hans-Joachim Höhn, Solidarische Individualität?, in: Andreas Fritsche/Manfred Kwiran (Hg.), Der Mensch, München 1998, 88-116, 97.

25) Hans-Joachim Höhn, Gesellschaft im Umbruch – Religion im Plural, in: Gottfried Bitter/ Albert Gerhards (Hg.), Glauben lernen – Glauben feiern, Stuttgart 1998, 194-207, 200.

26) Ebd., 201

27) Vgl. Michael Meyer-Blanck, Zwischen Qualifikationszwang und individuellem Glauben. Religionspädagogische Perspektiven im Hinblick auf die berufliche Bildung (1998): Internet-Adresse des RPI Loccum http://www.evlka.de/extern/rpi/rpi.html

28) Bernhard Dressler, Religionsunterricht – Angebot unter Angeboten? Quelle: s. Anm.27.

29) Dozentenkollegium des RPI Loccum in seinen „Loccumer Thesen" zu Religion, Bildung und Religionspädagogik, Quelle: s. Anm. 27, These 9.

30) Vgl. M. Meyer-Blanck, Anm. 27

Er bezieht sich seinerseits auf Klaus Prange, der von einer „differentiellen Identität" spricht. Die nachwachsende Generation müsse auf Differenzen vorbereitet werden, so dass sie auch mit dem Fremden und Unverständlichen umgehen könne.

31) So B. Dressler, s. Anm. 28

32) Vgl. Bernd Beuscher, Religion in der Schule der Postmoderne, in: Uwe Gerber (Hg.), Religiosität in der Postmoderne, Frankfurt/M. 1998, 233-247; Filipe J. Couto, Hoffnung im Unglauben. Zur Diskussion um den allgemeinen Heilswillen Gottes, Paderborn, 1973, bes. 280-294.

33) Vgl. Josef Imbach, Kleiner Grundkurs des Glaubens, Düsseldorf 1990, bes. 82-86.

Erschienen in: rabs (= Religionspädagogik an berufsbildenden Schulen, Kösel-Verlag, München) Heft 3/1999, 67-72

11. Jugendliche Weisheit. Eine kleine Erkundung

Dass Kinder und Jugendliche über eigenständige – und ernst zu nehmende - philosophische und theologische Potentiale verfügen ist inzwischen anerkannt. In diesem Kontext ist es natürlich reizvoll, einmal genauer hinzuhören, was junge Menschen heute zum Thema Weisheit zu sagen haben. Gerade weil der Begriff so bedeutungsschwanger und zugleich so nebulös daherkommt.
Selbst nach vielen Jahren des Gesprächs mit Jugendlichen im Religionsunterricht erschien es mir unpassend, über die Beziehung von Jugend und Weisheit etwas allein aus subjektiver Beobachtung und Erfahrung zu formulieren. Ein wenig „Originalton“ sollte schon dabei sein. Also entwarf ich einen kleinen Fragebogen, den ich den SchülerInnen mehrerer Klassen vorlegte mit der Bitte um kurze und ehrliche Anmerkungen. Es handelte sich um drei Lerngruppen der gymnasialen Oberstufe und drei Berufsschulklassen, alles Jugendliche im Alter zwischen 16 und 20 Jahren. Fünf Frage-Impulse sollten den Einstieg in die Thematik eröffnen: 1. Mit dem Begriff „Weisheit“ verbinde ich ..., 2. Weise würde ich einen Menschen nennen, der ..., 3. Weisheit erlangt man durch ..., 4. Ein konkretes Beispiel für einen weisen Menschen ... (Worin besteht seine Weisheit?), 5. Wieweit trägt die Schule zur Förderung von Lebensweisheit bei?

Rund 120 Antwortbögen hatte ich nun zur Verfügung. Was sich dabei abzeichnet, ist teils wohl erwartbar, andererseits aber auch überraschend (Siehe Kasten). Wenn diese kleine Erhebung auch weit davon entfernt ist, repräsentativ zu sein, so verdienen die Antworten als Momentaufnahme dennoch unsere Aufmerksamkeit.

In der gebotenen Kürze möchte ich skizzieren, was ich den gegebenen Antworten entnommen habe. Dann wird nach dem sachlichen Kontext und dem religionspädagogischen Echo auf diese „Weisheiten" zu fragen sein.

Was sich zeigt

Die Assoziationen zum Begriff (1) scheinen zwar etwas klischeehaft, verorten das Gemeinte jedoch realistisch im Bereich der Erfahrung, die über gelerntes Wissen, Intelligenz und Klugheit hinausreicht. Weisheit wird mit dem Alter verknüpft, mit der Vielheit des Erlebten und Erlittenen. Wer „viel erlebt und durchgemacht" hat, dem wird zugetraut, hilfreiche Ratschläge geben und „gute" Entscheidungen treffen zu können. Weisheit wird damit auch in ihrem zwischenmenschlichen Charakter wahrgenommen: Weise ist jemand letztlich nur in den Augen anderer, sofern sie aus seinem Reden und Handeln für das eigene Leben nachhaltig Orientierung finden.

Diese Einordnung setzt sich fort in der projektiven Vorstellung eines weisen Menschen (2). Er handelt besonnen, bleibt „auch in schwierigen Situationen ruhig", verfügt über genügend Menschenkenntnis (auch im Blick auf die eigene Person), um „das Beste in anderen fördern" zu können. Er hat seine „Mitte" gefunden in der Auseinandersetzung mit den „wichtigen Fragen des Lebens". Weisheit ist also das Ergebnis eines Reifungsprozesses, bei dem um die Unterscheidung von Sein und Schein sowie die Entfaltung einer Gestaltungskompetenz für das eigene Leben geht. Wer dann „mit sich und der Welt in Einklang lebt" vermag auch anderen seine stützende Hand zu reichen.

Mit älteren Augen betrachtet mag diese Umschreibung natürlich etwas zu idealistisch und klischeehaft gedacht erscheinen, dennoch wird wohl niemand bestreiten wollen, dass hier intuitiv (?) Richtiges zur Sprache kommt. Jede Lehrkraft möge sich erinnernd fragen: Was hätte ich damals mit 18 Jahren darüber zu sagen gewusst? Dass die genannten Aspekte der Weisheit zwar sachlich zutreffen mögen, aber nicht exklusiv (und fast automatisch) mit einem hohen Alter verbunden sein müssen, und dass auch ein als weise angesehener Mensch letztlich nur *seine* Wahrheit gefunden hat – das darf ja ruhig als mit der Zeit sich ergebende Differenzierung von Weisheit gelten. Jedenfalls erlebe ich immer wieder Jugendliche, die über eine vergleichsweise erstaunliche „Reife" verfügen, um es mit einem Begriff zu versehen, der offenbar eine gewisse Verwandtschaft mit der „Weisheit" besitzt.

An dieser Stelle drängt sich wie von selbst der Gedanke auf, woher die Heranwachsenden überhaupt ihre Vorstellungen von Weisheit beziehen und wie man sie denn erlangen könne (3). Die dazu benannten Elemente dürften sicher konkreten Beobachtungen und Erfahrungen entlehnt sein. Das meistbenutzte Stichwort „Lebenserfahrung" wird quasi durch weitere Nennungen erläutert: Das Lernen aus den alltäglichen Widerfahrnissen, vorrangig sogar aus den schmerzlichen und leidvollen - und natürlich aus den eigenen Fehlern. Das setzt Offenheit und Mut voraus. Deutlich wird aber auch, dass Lebensweisheit immer über das Ego, den eigenen Denkhorizont und Erfahrungsraum hinausgreift: Denken, Wissen, Bildung, Neugier, Kommunikation, Zuhören, Reisen, Mitgefühl usw. – diese Stichworte markieren hinreichend den gesunden Realitätssinn der jungen Leute.

Wer bei der Frage nach konkreten Personifikationen der Weisheit (4) biblische Gestalten oder bekannte Heilige erwartet hat, muss ernüchtert feststellen, dass die Assoziationen merklich andere Richtungen einschlagen. Gandhi, der Dalai Lama, Buddha, Einstein und Nelson Mandela belegen mit Abstand die vorderen Plätze. Dass selbst Gandalf („Herr der Ringe") hier auftaucht, ist nicht verwunderlich, da er (wenn auch fiktiv) schließlich von Tolkien als ein Archetyp des Weisen gezeichnet wurde und in der filmischen

Adaption die in unserem Kulturraum allgemeinverbreitete Symbolik eindrucksvoll inszeniert. Die meisten Jugendlichen dürften die Film-Trilogie gesehen haben. Ähnlich verhält es sich mit den Jedi-Rittern der Star-Wars-Saga, so dass folgerichtig auch Joda hier genannt wird.
Die biblische Weisheitstradition wird lediglich - und ganz sporadisch - durch Jesus und König Salomon vertreten, ebenso beiläufig gefolgt von Martin Luther King, Martin Luther und Papst Benedikt. Diese assoziative Fremdheit zu Bibel und Kirche bei mehrheitlich getauften und langjährig mit Religionsunterricht „versorgten“ Schülern muss schon zu denken geben. Wieso verknüpfen sich die großen Leitgestalten des Christentums so wenig mit dem Begriff der Weisheit – zumindest im kollektiven Gedächtnis unserer Breiten?

Umgekehrt zu den teils medienbedingten Favoriten klingt es schon beinahe wohltuend, dass auf den vorderen Rängen auch noch die Eltern und Großeltern zu finden sind. Mögen die großen Sockel-Gestalten durch außergewöhnliche Taten, Erkenntnisse und Lebensgeschichten ausgezeichnet sein, so bleiben sie doch mit dem Makel der räumlichen und zeitlichen Ferne behaftet. Man kann interessiert ihre Schriften studieren und vielleicht auch davon profitieren, aber es ist keine unmittelbare Begegnung. Die kommunizierten Lebenserfahrungen in der eigenen Familie sind da ungleich authentischer. Weisheit hat viel mit dem konkret geteilten Leben zu tun, mit gemeinsamen und vergleichbaren Erfahrungen, die einer in Worte gefassten Einsicht erst zu ihrer Glaubwürdigkeit verhelfen. Es geht immer um reale Personen, alltägliche Erfahrungen und die solidarische Vermittlung von Erkenntnissen. Das wissen und spüren auch die Jugendlichen unserer Tage.
Der Anteil der Schule an der Entdeckung und Entfaltung von Lebensweisheit (5) wird sehr unterschiedlich beurteilt. Viele Antworten attestieren der Schulzeit nur „sehr wenig“ Beitrag in der Sache. Das ist insofern konsequent,

als in den vorherigen Anmerkungen die Vorstellung von Weisheit primär mit Alter und Erfahrung gleichgesetzt wird. Dementsprechend empfinden wohl viele Jugendliche ihren Weisheits-Status noch in den Anfängen. Eine gewisse Korrektur erfährt diese Wertung allerdings in zahlreichen anderen Nennungen. Hier wird der Schule als Bildungseinrichtung die nützliche Vermittlung von Wissen und Werten zugesprochen, auf denen sich weiteres Lebenswissen aufbauen lässt: Sie hilft, „den Horizont zu erweitern und Neugier zu wecken". Andere Urteile haben mehr das personale Miteinander im Blick und werten die lange Schulzeit als prägenden Raum sozialer Lern-Erfahrung „für den Umgang mit sich und den anderen". Die Rolle der Lehrkräfte wird (wenn auch nur vereinzelt) insbesondere hinsichtlich ihrer Persönlichkeiten – ihrer *menschlichen* Kompetenz – betont: Manche „Lehrerkommentare, die Lebensweisheiten enthalten", bleiben wirksam in Erinnerung. Aber es kommt eben „drauf an, wie weise der Lehrer ist und Weisheit rüberbringt". Das Bild rundet sich ab: Die jungen Menschen begreifen sehr wohl, wie wichtig die schulische Bildung und ein solides Grundwissen ist, doch was im Leben zählt, woraus sich wirklich gut leben lässt, ist im üblichen Lernstoff noch nicht erschöpft. Die Lehrkraft kann aus ihrem Mehr an Jahren und Erfahrung durchaus zu einer nachhaltigen Quelle für die Lebensgestaltungs-Kompetenz ihrer Schüler werden.

Das gilt sicherlich in besonderem Maße für den Religionsunterricht. Zumindest wird das Fach in diesem Zusammenhang partiell genannt, wobei das „Kennenlernen anderer Religionen und Kulturen" zur Förderung von Lebensweisheit besonders hervorgehoben wird.

(1) Mit dem Begriff „Weisheit“ verbinde ich…	(2) Weise würde ich einen Menschen nennen, der…	(3) Weisheit erlangt man durch…	(4) Konkretes Beispiel für einen weisen Menschen… (Worin besteht seine Weisheit?)	(5) Wieweit trägt die Schule zur Förderung von Lebensweisheit bei?
Meist genannt: - ältere Menschen, die viel erlebt und durchgemacht haben - Lebenserfahrungen - Erfahrungen teilen - Ratschläge geben können - auf jede Frage eine Antwort wissen - Klugheit - viel Wissen - schlau sein - gute Entscheidungen treffen - Intelligenz **Auch erwähnt:** - Stein der Weisen - alter Mann mit Vollbart - Wissen über die Welt und die Vergangenheit - Kennen vieler Orte und Kulturen - charakterliche Reife - gesellschaftlich korrekt handeln - innere Ruhe gefunden haben - moralisch handeln - Menschenkenntnis - Sinn des Lebens verstanden haben - mit sich im Reinen sein	**Meist genannt:** - sehr alt ist und viel erlebt hat - viel Wissen besitzt - anderen einen guten Rat geben kann - genau weiß, was er tut - klug handelt - gute Ideen für die Menschheit hat - auch in schwierigen Situationen ruhig bleibt und Antworten weiß - sich mit wichtigen Fragen des Lebens auseinandergesetzt hat und Antworten weiß **Auch erwähnt:** - das Richtige tut aus richtigem Grund - großes Wissen über Menschen hat - weiß, zu was er fähig ist - die innere Mitte gefunden hat - das Beste in anderen fördern kann - vorausschauende Entscheidungen trifft - bedacht handelt und die Auswirkungen kennt - mit sich und der Welt in Einklang lebt	**Meist genannt:** - Lebenserfahrung - Lernen vom Leben - Lernen aus Erfahrungen und Fehlern - Wissen und Denken - Lesen und Bildung - Kontakte und Kommunikation - Interesse und Neugier - Schicksalsschläge - Offenheit zum Leben - Glauben **Auch erwähnt:** - Allgemeinwissen - Reisen - Vermittlung der Eltern - Zuhören - Wollen und Ausprobieren - moralisch gutes Empfinden - Mitgefühl - Intelligenz - Hinterfragen - Kompromissbereitschaft - Menschenkenntnis - Selbstbewusstsein - Charakterstärke - man kann sie nicht erlangen, sie kommt einfach	**Meist genannt:** - Gandhi - Gandalf - Dalai Lama - Buddha - Nelson Mandela - Einstein - Oma und Opa - meine Mutter - mein Vater - Shaolinmönch **Auch erwähnt:** - Martin L. King - Luther - Jesus - Joda - Konfuzius - Aristoteles - Newton - König Salomon - Papst Benedikt XVI. - Angela Merkel - Wissenschaftler - gläubiger Mensch - Mittelalter-Filme - wer sein Leben selbst in die Hand nimmt - jeder ist auf seine Art weise - alter Mann mit viel Lebenserfahrung - wer sehr gebildet ist und eigene Weltsicht hat - Lehrer, der uns Wissen vermittelt - Filme, in denen alte Menschen die jungen belehren	**Meist genannt:** - nur (sehr) wenig - sie lehrt Grundweisheit, auf die man aufbauen kann - durch gelerntes Grundwissen - durch Wissen und Bildung - einiges, da man hier Erfahrungen sammeln kann - sie vermittelt Wissen für den Umgang mit sich und anderen - sie hilft, den Horizont zu erweitern und Neugier zu wecken - sie versucht, Werte zu lehren - hilft lernen, wie man Erfahrungen einstuft und verkraftet - durch Religion **Auch erwähnt:** - Weisheit muss man sich selbst aneignen - durch Lehrer-Kommentare, die Lebensweisheiten beinhalten - kommt drauf an wie weise der Lehrer ist und Weisheit rüberbringt - Kennenlernen anderer Religionen und Kulturen

Was gilt nun in der Sache?

Wie verhält sich aber die jugendliche Sicht auf die Weisheit zur philosophischen und theologischen Tradition? Wie stellt sich das Thema in religionspädagogischer Perspektive dar? Welche fachlichen „Basics“ gilt es zu berücksichtigen? Wie sähe eine entsprechende Lernsequenz aus, die vermuten lässt, die Schüler würden daraus an Lebensweisheit gewinnen? usw.

Ein paar kleine Unterrichts-Ideen:

- Erhebung von Vorwissen und Einstellungen der Lerngruppe z. B. mittels eines Fragebogens (so oder ähnlich wie der hier benutzte). Die Ergebnisse lassen sich vertiefen: Einzelne Beispiele der als „weise“ genannten Menschen können genauer betrachtet werden (*Worin besteht die Weisheit von …? Was hat er/sie weises gesagt oder getan? u.ä.),* woraus sich ggf. parallele Merkmale erkennen lassen.
- Eigenständige Schüler-Recherche z. B. nach „biblischen“, buddhistischen“, „chinesischen“, „indianischen“ Weisheiten. Aus jeder Tradition sollen max. 10 Beispiele ausgewählt, vorgestellt und miteinander verglichen werden. Eine speziellere Auswahl von Weisheits-Zitaten könnte sich auf besondere Themen beziehen: Freundschaft, Glück, Arbeit usw.
- Aus einer vorbereiteten (Karten-)Sammlung von Zitaten aus dem alttestamentlichen „Buch der Sprichwörter“ wählt jeder Schüler („blind“) eine Karte aus und schreibt dazu eine Kurzgeschichte. Diese werden vorgetragen und als „Geschichten der Weisheit“ zusammengefügt werden. Ähnliches lässt sich mit Zitaten aus dem „Buch der Weisheit“ (Kap. 1-8) gestalten.
- Gemeinsame Lektüre des Buches Kohelet (komplett oder auch partiell)
- Für kurze informative Referate zum Thema bieten sich entsprechende Artikel aus dem Internet an:
http://www.glaubenskurs.net/themen/at/weisheit / https://de.wikipedia.org/wiki/Weisheit / http://de.spiritualwiki.org/Hawkins/Weisheit / http://www.joerg-sieger.de/einleit/spez/07weish/spez_e7.htm
http://www.bibelwissenschaft.de/bibelkunde/themenkapitel-at/weisheit/
- Nicht zuletzt haben hier auch gezielte Meditationen und Phantasiereisen ihren Raum!

Wer sich nun – vielleicht mit unterrichtlichen Absichten – auf die Suche macht, um die Sache mit der Weisheit etwas aufzuhellen, wird in religionspädagogischen Nachschlagewerken teils ergebnislos bleiben. Weder das *Lexikon der Religionspädagogik* (2001), noch das *Neue Handbuch religionspädagogischer Grundbegriffe* (2002) liefern eine erste Auskunft. Auch in neueren Handbüchern zur Religionsdidaktik sucht man das Stichwort vergeblich. Dieses Manko mag sich vielleicht dadurch ergeben, dass das Thema Weisheit in vielen anderen verwandten Inhalten wie ein mitlaufender Faden enthalten ist. Über Glück und Sinn, Liebe, Freundschaft, Vorbilder, Moral, Tod etc. lässt sich kaum sprechen, ohne irgendwelche „Weisheiten" in Form von Sprüchen und Zitaten einfließen zu lassen.
In renommierten theologischen Quellenwerken sieht es nicht unbedingt besser aus: Im *Neuen Theologischen Wörterbuch* von Herbert Vorgrimler (2000) findet sich ein kurzer Artikel, während das sonst hervorragende *Neue Handbuch theologischer Grundbegriffe* (2005) wieder völlig schweigsam bleibt. Dagegen fehlt der Begriff in keinem philosophischen Wörterbuch. Und wer kein Buch, sondern die Maus zur Hand nimmt, wird an vielen Stellen des Internets fündig.[1]

Eine abschließende Klärung geisteswissenschaftlicher Begriffe bleibt naturgemäß schwierig. Man muss sich mit Annäherungen begnügen. Aber das belegt seinerseits schon die Abgründigkeit der Sache.[2] Als bescheidener Versuch einer Art Quintessenz lässt sich jedoch festhalten:
Weisheit ...
- meint ein umfassendes Verständnis des Daseins, das durch reflexive Auseinandersetzung mit der oft auch leidvollen Komplexität und Widersprüchlichkeit des Lebens genährt wird.
- zeigt sich durch eine hochgradige Kompetenz in den fundamentalen Fragen des Lebens, wozu meist ein überlegenes Wissen gehört und eine

besondere Urteilsfähigkeit in schwierigen Situationen sowie über die Gestaltung und Deutung des Lebens.

- gehört seit Anbeginn zentral zu den treibenden Motiven aller philosophischen und religiösen Bemühungen, da sie nach einem „Wissen" um die wesentlichen Wahrheiten strebt, nach Ursprung, Sinn und Ziel der Welt und des einzelnen Lebens.
- will aus den Einsichten über die verborgene „Ordnung der Dinge" überleiten zu Handlungsorientierungen für ein gelingendes Leben, zielt also letztlich auf – religiös gesprochen – das Heil des Menschen.
- ist jedoch mehr und anderes als vernünftig-pragmatische Lebenskunst, mehr als positives Wissen und Klugheit.
- führt zur Kunst der Unterscheidung von Sein und Schein, gut und böse, richtig und falsch.
- verhilft zu Anerkennung und Integration von Bedingtheit und Relativität des Daseins, vermag Balancen zu halten zwischen dem persönlichen Nutzen und dem allgemeinen Wohlergehen.
- ist als solche nicht lehrbar, sie „vermittelt sich" in Offenheit und Anteilnahme des Mit-lebens. „Weisheit, die ein Weiser mitzuteilen versucht, klingt immer wie Narrheit" (H. Hesse). Jede Weisheits-Lehre bleibt stets Angebot und Medium, ein Wegweiser, der mich einlädt, diesen Weg *selber* zu gehen.
- lässt sich „trainierend" fördern durch Achtsamkeit und Meditation, durch Besinnung und Rückkehr in die Mitte.
- weitet und schärft den Blick für das Wesentliche, das Schöne und Sinnvolle.
- darf jedoch als Höchstform menschlicher Erkenntnisfähigkeit ihrerseits nicht absolut gesetzt werden. Der Weise bleibt sich der Grenzen seiner Einsicht bewusst. Biblisch zugespitzt: „Niemand soll sich etwas vormachen! Wenn es welche unter euch gibt, die sich nach den Maßstäben dieser Welt für weise halten, müssen sie erst töricht werden nach diesen Maßstäben, um wirklich weise zu sein.

Was die Menschen für Tiefsinn halten, ist in den Augen Gottes Unsinn" (1 Kor 3,18f).

- ist (auch trotz dauerhaft disziplinierter Bemühung) nicht exklusiv erarbeiteter und verfügbarer Besitz, sondern letztlich erworbene Gabe, die als soziale Aufgabe verstanden werden will. Die Bibel betrachtet die Weisheit als eine göttliche Kraft, die in einem Menschen „wohnen" kann.
  Das Neue Testament schließlich sieht in Jesus die „Weisheit Gottes" ultimativ repräsentiert.

Weisheit in der Schule?

Eindeutig Ja! Parallelen und Anknüpfungspunkte zwischen Sache und jugendlicher Sicht sind auffällig genug. Was bedeutet das speziell für den Religionsunterricht?

Der Schlüssel zur Vermittlung von eigentlichem Lebenswissen liegt – neben der inhaltlichen Auseinandersetzung mit existentiellen Fragen – in der Person des Vermittlers selbst, seinen menschlichen Qualitäten, seiner kommunikativen Kompetenz und seiner „Nähe" zu den SchülerInnen. Was dabei an „Weisheit" explizit zur Sprache bzw. was zwischenmenschlich irgendwie zum Ausdruck kommt, ist seinem Wesen nach sowieso „zwischen den Zeilen" beheimatet und wird von jedem Einzelnen nach seinem Maß wahr- und aufgenommen. Derartige Bildung von Herz und Gemüt liegt zum Glück immer jenseits aller lerntechnischen Überprüfbarkeit - und weithin auch abseits eigener Benennbarkeit des Gelernten. Überhaupt ist es das prägende Siegel des Religionsunterrichts, dass er es über das nötige Sachwissen hinaus – und konträr zum Zeitgeist – mit faktisch „nutzlosem" (aber sinn-vollem) Wissen zu tun hat, das eben keiner direkten äußerlichen Verwertbarkeit unterliegt. Doch genau darum bewegen sich die Inhalte dieses Faches näher am eigentlichen Lebensnerv. Was daher nachhaltig vom Unterricht „hängen" bleibt, darf getrost (klassisch religiös gesprochen) als Wirken des Heiligen

Geistes erhofft und gedeutet werden, der seinerseits schon längst seine Wege sucht und findet – auch in Kindern und Jugendlichen.

Anmerkungen

1) Neben den Auskünften von *Wikipedia* und Co. lohnt sich der Blick in die religionspädagogischen Portale http://www.rpi-virtuell.net/, http://www.rpp-katholisch.de und http://www.relilex.de. Speziellere Informationen finden sich hier: philosophisch: http://www.philosophie-woerterbuch.de; biblisch: http://www.bibelwissenschaft.de/; sprirituell: http://de.spiritualwiki.org/. Auch bei *youtube* warten nützliche Szenen.

2) Literarisch ist zu empfehlen: Rudi Ott, Wertvoller als alles Gold ist die Seele, München 1999; ders., Der Weisheit auf der Spur, BoD 2008; Gert Scobel, Weisheit. Über das, was uns fehlt, Köln 2008.

Erschienen in: Katechetische Blätter (Kösel-Verlag, München) 138 (2013) 424-430

12. Hoffnung für die Religion?
Im Gespräch mit Eugen Drewermann

Sein jüngstes Buch*), das er trotz der mehr als 320 Seiten etwas untertreibend als „Bändchen“ bezeichnet, weil es ohne fulminanten Anmerkungs- und Literaturteil auskommt, trägt wieder einmal – wenn nicht gar verschärft – den Stempel der bewussten Provokation. Drewermann scheut auch hier weder den krassen Vergleich oder die karikierende Überzeichnung noch den sarkastischen Unterton. Alles aber in der gewohnt farbigen, gefühlsbetonten, erfahrungsbezogenen und verbindlichen Sprache. Selbst dort, wo er überzeichnet, darf er immer noch auf Verständnis und Zuneigung beim Leser hoffen, da in und zwischen den Zeilen stets der „Überzeugungstäter“ erkennbar bleibt, dem es mit letztem Ernst um die Sache der Religion und des Glaubens geht. Sein Kampf gegen deren Entstellungen, Verengungen und Einseitigkeiten, gegen Missbrauch und Missverständnis umfasst inzwischen über 60 Bücher, hat ihn zum gefragten Theologen in den Medien gemacht, ihn kirchliche Lehrbefugnis und Predigeramt gekostet und sogar die Suspension vom Priesteramt. Ereignisse, die nicht spurlos am Menschen und erst recht nicht am Autor Eugen Drewermann vorbeigegangen sind.

In diesem neuen Buch geht er (meines Wissens) erstmals in einem eigenen Kapitel auf die religiöse Erziehung und den Religionsunterricht ein. Um so interessierter nahm ich das Angebot des Verlages zu einem Interview auf, das kurzfristig über einen der Mitarbeiter Drewermanns vereinbart wurde. Er selbst führte mich und meine Frau (die mich auf der langen Fahrt begleitete und ebenfalls recht gespannt dieser Begegnung entgegensah) in die bescheiden eingerichtete Wohnung im dritten Stock eines unscheinbaren Paderborner Wohnhauses. Die kurzen flüchtigen Eindrücke auf dem Weg zu seinem Arbeitszimmer bestätigen vollauf das Klischee der Gelehrtenstube, die überquillt von Büchern, Requisiten und ungezählten anderen Dingen, deren Ordnung einem nicht gleich erkennbaren esoterischen Gesetz zu gehorchen scheint und ein Gefühl der Bewunderung für die Fähigkeit des „Durchblicks" beim Besitzer aufkommen lässt.

Eugen Drewermann wirkt an diesem Tag jedoch deutlich angeschlagen. Grippe und Kopfschmerzen plagen ihn, und die Vielzahl von Terminen, Besuchern und Gesprächen hält ihn unter Druck. Dennoch möchte er nicht unhöflich sein, lässt uns Platz nehmen auf der Couch, die vermutlich schon ein Heer von Gästen getragen hat, und wartet geduldig auf die mitgebrachten Fragezeichen.

Ich erzähle ihm kurz von meiner Arbeit als Berufsschul-Religionslehrer und überreiche ihm erklärend die letzte Ausgabe von „rabs", wo über dieses Gespräch dann etwas stehen solle. Meinen Hinweis, dass er doch sicher wisse, wie stark seine Bücher gerade von den Religionslehrern aufgenommen werden, weist er von sich; das sei ihm nicht bekannt. Er lehnt sich, mit einem Taschentuch bewaffnet zurück und lässt mir weiter das Wort.

Ich frage ihn, wie er einem 18jährigen Schüler, der von „Reli" überhaupt nichts hält, die Sache der Religion und des Glaubens plausibel und schmackhaft würde. - Nach längerer Überlegung winkt er verneinend ab. Das könne er so nicht sagen, dazu müsse man die Person genauer kennen, wissen, wovon er träumt, was seine Situation sei, welche Gefühle ihn bewegen, woran er leide usw.

Das sei aber genau die Herausforderung, werfe ich ein, vor der viele Religionslehrer jeden Tag stehen. Und mir wird klar, dass hier gleich ein neuralgischer Punkt für ihn getroffen ist. Was der schulische Religions-

unterricht im kirchlichen Auftrag praktiziere, sei doch weithin die fragwürdige Zulieferung weltanschaulicher Elemente für eine ebenso fragwürdige bürgerliche Ideologie. Dies stütze und legitimiere gegenüber den Kindern und Jugendlichen den Status quo einer Welt, in der Hunger, Gewalt und Krieg als unvermeidliche Normalität ausgegeben werden, statt vor allem nach deren religiösen und psychologischen Wurzeln zu fragen. Als aktuelles Beispiel verweist er auf die ersten Amtshandlungen des neuen US-Präsidenten George W. Bush, die den militanten Abtreibungsgegnern den Rücken stärkt und auch von konservativen kirchlichen Kreisen begrüßt wird.
Er zitiert einen Vergleich aus seinem Buch: in der Zeit der DDR seien dort über jeden Schüler rund 500 Schulstunden atheistischer Religionskritik ausgegossen worden – mit dem kaum verwunderlichen Ergebnis, dass in diesen „Neuen Bundesländern“ sich eine deutliche Mehrheit als „atheistisch“ bezeichnet. Zur selben Zeit seien in der alten Bundesrepublik etwa gleichviele Pflichtstunden Religionsunterricht erteilt worden – mit dem Resultat, dass nur eine erschreckende Minderheit noch an die Kerngehalte der christlichen Botschaft glaube. Die bisherige kirchliche Pädagogik habe offensichtlich versagt und die Menschen faktisch dem Glauben entfremdet. Diese fatale Konsequenz sei die Folge der amtskirchlichen „Verobjektivierung“ der Wahrheit, der allseitigen Ausgrenzung des Subjekts, der Proklamation eines autoritären Gottesbildes und der stetigen Verweigerung des Neuen.
Einziger Ausweg aus dieser Sackgasse könne nur sein, künftig die Religion als eine Funktion des Ich zu verstehen und darin die Freiheit und Subjektivität des Menschen ernst zu nehmen.

Mein Nachhaken hinsichtlich der konfessionellen Organisation des RU verschärft eher noch sein negatives Urteil: je schneller sich das überlebe und verschwinde, um so besser. Ob er demgegenüber das Brandenburger LER-

Modell für schülergerechter und zukunftsfähiger hält, möchte ich wissen. Dieser Alternative könne er durchaus positive Seiten abgewinnen, meint er kurz und nimmt wieder eine Wende zu seiner eigenen Sicht. Religion könne grundsätzlich nur in der Form einer „Existenzmitteilung“ von Person zu Person vermittelt werden, aber nicht als kirchlich reglementierte Religionskunde unter staatlicher Beihilfe. Nur auf diesem Weg könne sie glaubwürdig und wirksam in das Leben integriert werden. Nur wenn Gefühle, Bilder, Träume usw. den ihnen gebührenden Platz in der religiösen Erziehung einnehmen, könne der Glaube seine verändernde Kraft und sein (im wörtlichen Sinne) heilsames Potential entfalten.
Eine Orientierung der Glaubensvermittlung an kirchlichen Dogmen, Lehrsätzen und Katechismen, die fernab bleiben von jeder konkreten Alltagserfahrung, könne nicht zum gewünschten Ziel führen und behalte den Charakter eines abfragbaren Wissensstoffes, der bei guter Reproduktionsleistung zu guten Zensuren führe, aber existentiell folgenlos bleibe.

Sowohl die konfessionelle Trennung als auch eine lebensferne Didaktik, die sich ausschließlich an kirchenamtlichen Dokumenten und einer dogmatischen Sprache ausrichte, werfe ich zur Verteidigung des BRU ein, sei in den Berufsschulen schon lange Vergangenheit. Auch die Orientierung an den Lebensfragen der Schüler und der Versuch einer Glaubensrede im Sinne der „Existenzmitteilung“ sei in dieser Schulform der einzig noch gangbare Weg, um die jungen Menschen für die religiöse Dimension einer Weltdeutung zu öffnen.
Wohlwollend nimmt er meine Einlassung auf und meint, die Berufsschulen seien dann eben die rühmliche Ausnahme.

Wenn die Religion stärker eine „Funktion des Ich“ werden müsse, wie können wir dann dem Vorwurf begegnen, es münde schließlich in einer subjektiven

Beliebigkeit und der Gottesglaube sei am Ende ja doch bloß eine Wunschprojektion?

Die Furcht vor dem Abgleiten ins Beliebige, so Drewermann, sei typisch für die Institution. Doch das reale Leben sei nicht beliebig, da dauernd Entscheidungen zu treffen seien, und da lasse das Menschliche aus sich heraus nicht jede Beliebigkeit zu. Was Menschen zum Heil brauchen, erweist sich im Vollzug der Lebensgestaltung.

Und die Projektion? Diesem Vorwurf sei man letztlich immer ausgesetzt, er ließe sich nie ganz vermeiden. Das sei auch nicht der zentrale Punkt. Es gehe darum, wie Jesus das Leben aus einer unbedingten Vertrauensoption heraus zu leben und dieses Gottvertrauen all den angstbesetzten destruktiven Kräften dieser Welt entgegen zu stellen. In dieser praktischen Antwort auf die Sehnsüchte des Menschen nach einer „anderen" Welt, einem guten Leben, nach Erfüllung und Erlösung, verliere sich von selbst jede theoretische Frage nach Gott, jede metaphysische Spekulation. Ihr werde durch die konkreten Erfahrungen der Nährboden entzogen.

Wiederholt dreht sich das Gespräch um die Möglichkeit der Gottesrede überhaupt. Dazu sind für ihn zwei biblische Impulse zunehmend wichtig geworden. Zum einen die Erfahrung des Elija in 1 Könige 19, wo der Prophet am Berg Horeb zu einer Gotteserfahrung findet, die in ein „verschwebendes Schweigen" mündet; und gerade in diesem Unausgesprochenen spreche sich Gott aus – jenseits aller unserer Bilder, Begriffe und Erwartungen. Für Eugen Drewermann spiegelt sich in solchen Texten eine universale religiöse Erfahrung, die er z. B. auch bei Laotse wiederfindet: „Das Tao, das sich aussprechen lässt, ist nicht das ewige Tao."

Der zweite Angelpunkt ist die Zusage, die Gott dem Mose gibt (Ex 3,14): „Ich bin da, als der ich dasein werde". Diese Beistandszusage Gottes könne in ihrer Direktheit gar nicht ernst genug genommen werden. Sie löse die

Beziehung zu Gott von aller Menschenabhängigkeit und Entfremdung und ermögliche die Erfahrung eines tragenden Grundes im Leben, der durch „Wasser“ und „Wüste“ hindurchfinden lässt. Wie Gott in Erscheinung trete, ergebe sich in jeder Situation neu und sei eben nicht festzulegen.

Für diese „Wahrheit“ des Glaubens gebe es keinen rationalen Beweis. Das Hinweisen auf diesen Vertrauensgrund im eigenen Leben und die damit gemachten und möglichen Erfahrungen sei die äußerste Grenze des theoretischen Belegens. Das Entscheidende des Glaubens - und damit von Gott - „zeige sich“ im solidarischen Vollzug menschlicher Freiheit, die sich der Wahrheit und der Liebe verpflichtet wisse gegenüber allem Lebendigen. Nur auf diesem Wege sei der Religion eine Zukunft zu ermöglichen.
Er sinniert vor sich hin: eigentlich müsse man zum Beispiel nur die ersten Sätze eines Gleichnisses von Jesus den Schülern vortragen und sie dann selber vorbringen lassen, was diese Worte in ihnen auslösen und wachrufen. Die tatsächlichen Wünsche, Sehnsüchte und Hoffnungen, alle faktischen Sorgen, Ängste und Deformationen kämen dann unweigerlich zum Vorschein. Genau in diese Ambivalenzen hinein könne einzig wirk-sam und glaub-haft von der Hoffnungsoption des christlichen Glaubens gesprochen werden.

Immer wieder schweifen zwischendurch meine Gedanken hinüber in die Schule. Fragen der Umsetzbarkeit dieser Perspektive drängen sich auf, die ich in der Kürze der Zeit weder genau auf den Punkt bringen, geschweige denn auch noch formulieren kann. Manches bohrt und nagt in mir, da es auch meine eigene Unterrichtspraxis erneut anfragt. Ein solches Gespräch gibt eben zu denken.

Die Türglocke signalisiert den Schnittpunkt. Ich verabschiede mich dankbar und trete mit ebenfalls etwas brummigem Kopf wieder in die milde Sonne dieses Wintertages. Hier ist gut atmen.

Mit meiner Frau an der Hand schlendere ich, den Besuch langsam verdauend, wieder zum Wagen. Es ist schon spät und ich muss für morgen noch Unterricht vorbereiten.

*) Eugen Drewermann, Hat der Glaube Hoffnung? Von der Zukunft der Religion am Beginn des 21. Jahrhunderts, Düsseldorf – Zürich 2000

Erschienen in: rabs (= Religionspädagogik an berufsbildenden Schulen, Kösel-Verlag, München) Heft 3/2001, 74-76

MIX
Papier aus verantwortungsvollen Quellen
Paper from responsible sources
FSC® C105338

Printed by Books on Demand GmbH, Norderstedt / Germany